子どもの権利との対話から学ぶ

保育内容総論

森　眞理・猪田裕子

編著

北大路書房

はじめに

....

　私たちは，今，「VUCA」と呼ばれる世界・時代の中で生きている，といわれています。VUCA とは，Volatility（変動性），Uncertainty（不確実性），Complexity（複雑性），Ambiguity（曖昧性）の頭文字で，「先行きが不透明で未来の予想が難しい」という意味です。新型コロナウイルスの世界的な感染拡大をはじめとするさまざまな疾病，地震や台風といった自然災害や地球温暖化，AI 技術の目ざましい進化の中で私たちは生活しています。

　本書『子どもの権利との対話から学ぶ　保育内容総論』は，こうした社会・世界状況の中で，子どもに学び，子どもと共に育ち，また乳幼児期が喜びと楽しさにあふれた時期になってほしいとの思いを抱き，近い将来，保育者になることを目指して学んでいる人を主たる読者として想定し，「子どもの権利との対話から学ぶ」ことを軸として企画しました。まず執筆にあたり，執筆担当者と編集者で Zoom 会議を開きました。そこでは，子どもの権利と保育について，担当章との関係性を含めて話し合いました。執筆担当者の間で共有した思いは，時代や文化が異なっても，子どもが価値ある存在として受け止められ尊重されると同時に，子どもは自ら考え行動する人であるとする子ども観と，子どもの興味・関心と共に保育者も自ら好奇心と探究心を抱いて創造するという保育観です。

　本書は，この子ども観と保育観を基底にして構成されています。まず序章では，保育内容総論を学ぶ意味・意義について子どもの権利との関係から学びます。そして，第Ⅰ部「子どもに生きる保育の世界に出会う」では，保育内容の中心である子どもについて，その権利を知ること（第 1 章）からはじまり，子どもの育ちと保育内容の関係（第 2 章），子どもの遊びの理論と実践（第 3 章），そして，保育環境と保育内容の関係性に着目すること（第 4 章）から学びます。第Ⅱ部「子どもが生きる保育の世界を探究する」では，保育内容の歴史的変遷と今，さらに小学校教育との関係性（第 5 章），保育実践の要である乳児期（第 6 章）から幼児期（第 7 章）の保育内容およびその評価の考え方とあり方（第 8 章）について学びます。第Ⅲ部「子どもと生きる保育の世界の拡がりへ」では，子どもをめぐる社会・世界の課題に着目して，多様性・多文化と保育内容（第 9 章），インクルージョンの意味と保育内容（第 10 章），持続可能な社会づくり（SDGs と ESD）と保育内容（第 11 章），さらに諸外国の保育内容（第 12 章）を知り，保育内容の理解を広げられるように構成しています。終章にて，小学校教育との連続性，実践する保育者の心もちと子

どもの権利の関係から，読者一人ひとりが当事者として学んでほしいことを述べています。

　保育の質の向上の必要性が国内外で語られて久しくなります。そのためには「意味のあるやりとり（関わり合い）」，すなわち，対話が欠かせない，と示されています（第12章参照）。本書も，対話を通した学び合いが活性化するようにとの思いから，各章に「保育のMVP」と「演習課題」を設けています。ぜひ，「私だったら」「あなたはどう思う」「なぜだろう」と問いをもち，小グループやクラス全体で聴き合い学び合う時をもっていただきたいと思います。本書のみで保育内容を十分理解し保育現場で生かせる，とはならないことでしょう。各章の「さらに学びたい人のために」も活用し，さらなる問いがもたらされることを期待しています。知りたい，わかりたいと子どもの心もちで本書に学び，保育の奥深さ，おもしろさを味わう旅へとつながることを願っています。

　最後に，本書の刊行にあたり，事例や画像の掲載を快諾してくださった保育現場の方たち，寛容と忍耐の心で，粘り強く伴走してくださった北大路書房の古川裕子さんに心からお礼を申し上げます。

2022年3月

編著者を代表して　　森　眞理

本書の特徴と使い方

● 「保育のMVP」で考え，話し合い，新たな問いを見出そう

　本書を開くと，「保育のMVP」が目に飛びこんでくることでしょう。「保育のMVP」とは，本書を読みこむことからだけではなく，各章の内容の意味をより深めたり実践を思いめぐらしたりするように，一人で，また保育を学ぶ仲間と考え，話し合い，新たな問いや探究課題が導かれるようにとの思いから組み立てられた，学び合うための演習の内容です。

　「MVP」は，一般にスポーツの世界で「Most Valuable Player（最高殊勲選手）」を意味します。保育・幼児教育の世界においては，どの子どもも「MVP」であるととらえ，同時に保育を学ぶ人，子どもと共にいる人誰もが「保育のMVP」となれるようにと願っています。そこで本書では，上記の意味も含みつつも，子どもの権利の保障を実践する人として子どもと生きる際に大切なことを意識化するように，保育のMVPを表しています。章ごとに，冒頭では「目標」として，章末では「演習課題」として，おおむね次のように対応する形で提示しています。

　　M（Mission）　直訳すると任務や使命。本書では，保育を学ぶ人として求められること。冒頭のM（目標）は，学びのキーポイントを知ること。章末のM（演習課題）は，学びのキーポイントを理解して自分の言葉で表すこと。

　　V（Vision）　直訳すると展望や構想。冒頭のV（目標）は，保育を学ぶ人としての将来的展望をもって学ぶこと。章末のV（演習課題）は，学んだことを資料や文献を通して深めること。

　　P（Passion）　直訳すると情熱や心もち。冒頭のP（目標）は，保育を学ぶ人としての熱意・心もちを大切にすること。章末のP（演習課題）は，章で学んだことを他者と聴き合い，話し合うことで，当事者意識を高めること。

　「MVP」の心意気をもって保育内容総論を学んでいきましょう。

● 「QRコード」で示す豊富な資料・写真・動画

　側注やEpisodeにQRコードを提示しています。QRコードから，本文の引用資料や関連する参考資料，カラー写真，動画などを簡単に参照できます。ぜひ活用して，保育内容総論の学びを充実させましょう。

　次のページで，本書の中身についてさらにくわしく見ていきましょう。

保育のMVP

第1章～第12章の冒頭には，その章での学びの目標を示した「保育のMVP（Mission, Vision, Passion）」を示しています。

第1章
生まれたときから子どもには権利がある
保育内容総論の基本

 Mission 「子どもの権利」について知る。

Vision 子どもの権利についてさまざまなメディアを通して調べ，その重要性を学ぶ。

Passion 子どもの権利を保障する保育を大切にし，その実践のために心がけたいことを表現する。

章末には，冒頭のMVP（学びの目標）に対応した演習課題を示しています。QRコードのリンク先（出版社ウェブサイト）からはワークシートをダウンロードできます。難しいものもあるかもしれませんが，ぜひチャレンジしてみてください。

 ### 演習課題

M 子どもの権利について自身が理解したことをまとめよう。

V 子どもを取り巻く課題を，新聞・雑誌・インターネット等で調べて，子どもの権利との関係性（重要性）について学びを深めよう。

P 子どもの権利を保障する保育者の姿を思いめぐらし，自身が考える保育者の姿を仲間と話し合おう。

保育の実際を学ぶ

子どもの姿や保育の実践などに基づいた事例を紹介しています。事例を通して保育の実際の一端にふれるとともに，それを自分自身に引き寄せることで，学びや考察をさらに深めましょう。

Episode 3 柿とり大作戦！（保育園5歳児，10月）[23]

ある日，園庭に実った柿に気づいた年長組の子どもたち。これをとろうとジャンプしたり，保育者に抱っこしてもらったり，ボールを投げたり蹴っ飛ばしたり。また，セミのぬけがらをとったときのことを思い出して，柿の木の下に古タイヤを重ねてよじ登ったり。それでも届かず，今度はフラフープやシャベル，トングなどいろいろな道具をもってきて，とうとう一番大きいフラフープ2つを縄跳びで結びつけるアイディアをひらめきますが，安定せず，残念ながら柿に

本文やEpisodeコーナーでは，保育の実践や子どもの様子がよくわかる写真を掲載しています。

図7-5 フープ作戦　　図7-6 タイヤ作戦　　図7-7 エレベーター作戦

[23] 本事例および写真は市川市立行徳保育園（千葉県市川市）によるもの。図7-5～7-8のカラー写真は以下。

QRコードから，より生き生きとした様子が伝わるカラー写真や動画にアクセスできます。写真は拡大して，子どもたちの視線や表情，しぐさなど，細かいところまで見ることもできます。

学びを深める

本文に登場する重要用語・人物，引用文献や補足説明など，学びを深めるための情報を掲載しています。

> **第1節　子どもからはじまる保育内容**
>
> ## 1．子どもの力を信頼する育ての心
>
> 　保育は子どもの言葉にならない思いに目を向け，自ら育とうとする子どもの力を信頼し支える希望に満ちたものです。倉橋惣三が「自ら育つものを育たせようとする心，それが育ての心である」[*2]と述べたように，「保育は『子どもからはじまる』」ものであり，子どもが創り出す世界をともに味わう[*3]という考えのもと，多くの保育者は保育を行っています。「子どもからはじまる保育」とは，子どもの心が動き，はじめたことを大事に，それが遊びになっていくさまを待ち，その姿からねらいを立て，支えるという，目の前の子どもの思いや姿から保育を深めていくという保育のあり方です。子どもが長い筒の中にどんぐりを入れ，先から転がり出てくる様子に興味をもち，筒の中を覗きこみながら何度も繰り返して遊んでいる姿を見て，保育者はその遊びが発展するようねらいを立て，どんぐりの転がる様子が見える透明の筒やビー玉などの環境を構成して，子どもが遊びを選択し，夢中で探究できるように援助するのです。

> ◆1　倉橋惣三（1882-1955）
> 児童心理学者であり，日本の「幼児教育の父」と呼ばれる。日本初の幼稚園，東京女子高等師範学校附属幼稚園（現・お茶の水女子大学附属幼稚園）で主事を務め，子どもの自ら育とうとする力を信じ，子どもの自発性を重視した誘導保育論などを提唱し，保育実践を通して保育理論を形成した。
>
> ◆2　倉橋惣三『育ての心（上）』フレーベル館，2008年，p. 3.
>
> ◆3　浅見佳子ほか『子どもからはじまる保育の世界』北樹出版，2018年，p. 3.

保育所保育指針や幼稚園教育要領，児童福祉法，保育所における自己評価ガイドライン等各種法令や文書など，重要な関連資料をQRコードからアクセスして見ることができます。

> ◆17　厚生労働省「保育所保育指針」第1章「総則」1 (2)「保育の目標」2017年.
>
> ■QR■（2024年7月1日閲覧）

> ているところと思われる事例も見受けられます。これは本来の「子ども主体」の保育ではありません。保育で目指していることは，「子どもが現在を最も良く生き，望ましい未来をつくり出す力の基礎を培う」[*17]ことです。保育者は，保育の目標が達成されるように子どもの興味や発達，生活の実態に即した保育内容を，環境を通して計画的に行うことで子どもの成長を支えているのです。その環境は教育的意図のいっぱいつまった自由

章で学ぶ内容をより深く理解するために，自分の考えをまとめたり他の学習者と学び合うワークを設けています。

> **Work 1　マッチをすれるかな？**　■QR■
>
> 　QRコードの動画（筆者撮影）は，野外炊事2度目の5歳児たちがマッチをすって薪に火をつけようとしているところです。右から2番目の1児が慣れない手つきでマッチをする様子をみんなで見守っています。
> 　この動画を視聴し，それぞれの子どもの気持ちの変化を読み取り，この場面での学びを考察しましょう。各自で考察した後に，3〜4人のグループで意見交換をし，考えを共有しましょう。

各章の学びの発展へと役立つ，おすすめの本を紹介しています。

> **さらに学びたい人のために**
>
> **浅見佳子ほか『子どもからはじまる保育の世界』北樹出版，2018年.**
> 　保育の現場経験が豊富な筆者による理論を現場の視点でとらえた保育のテキスト。子どもを保育の中心にする保育の原点を学び，子どもを尊重し一人ひとりが自己実現できるような保育のあり方を考えます。
>
> **佐伯胖（編）『共感──育ち合う保育のなかで』ミネルヴァ書房，2007年.**
> 　育ち合う保育を行うために重要な，乳幼児を理解するための子どもを見るまなざしや共感について問い直す本。保育者として子どもとの関わり方や共感する力について考えるうえで参考になります。

目　次
·················

第Ⅲ部　子どもと生きる保育の世界の拡がりへ

第11章　持続可能な社会をつくる乳幼児期の保育・教育

第12章　保育内容の地平線
── 世界との対話

終　章　子どもの権利を保障する保育者・保育内容

QR コードで示す情報はウェブ上のものであるため，今後 URL や内容が変更される可能性があります。また，動画や写真の無断複製・転載・拡散は，著作権法により禁じられています。

保育内容総論への誘い
子どもの権利との対話から学ぶ

　ようこそ，保育内容総論の学びの世界へ。序章では，本書の入り口として，保育内容総論が意味することを理解して，保育内容総論を学ぶ意義を認識し（第1節），保育の主人公であり当事者である子どもが有する権利から保育内容を構成することの大切さ（第2節）について学びます。子どもと協働する保育を創造する保育者への扉を開くことにしましょう。

第1節　保育内容総論を学ぶ意味と意義

1．保育士養成課程における位置づけ

　保育内容総論は，保育者養成校において保育者をめざす人が履修しなければならない科目として位置づけられています。保育士養成課程では履修必修である「保育の内容・方法に関する科目」として，幼稚園教諭免許状教職課程でも「保育内容の指導法」として必修に近い選択科目に定めている養成校がほとんどです。

　「指定保育士養成施設の指定及び運営の基準について」^{◆1}という通知において，保育士養成課程における各教科目の教授内容の標準的事項が示されています。そこでは，保育内容総論の目標を以下のように表しています。

1. 保育所保育指針における「保育の目標」「育みたい資質・能力」「幼児期の終わりまでに育ってほしい姿」と「保育の内容」の関連を理解する。
2. 保育所保育指針の各章のつながりを読み取り，保育の全体的な構

◆1　厚生労働省雇用均等・児童家庭局長通知「指定保育士養成施設の指定及び運営の基準について」（平成15年12月9日雇児発第1209001号；改正　令和4年8月31日子発0831第1号）

（2024年7月1日閲覧）

1

造を理解する。

3. 子どもの発達や生活を取り巻く社会的背景及び保育の内容の歴史的変遷等を踏まえ，保育の内容の基本的な考え方を，子どもの発達や実態に即した具体的な保育の過程（計画・実践・記録・省察・評価・改善）につなげて理解する。

4. 保育の多様な展開について具体的に理解する。

　保育内容総論とは，その語句が表すように，保育全般・全体構造を意味しており，一つ一つの部分が保育には欠かせないということです。本書では，序章と終章を含めた全14章を通して，上記の目標に向かって保育の構造（保育はどのように構成されているのか，その一つ一つの内容の組み立てとそれぞれの関係性）を理解して，保育実践に携わる喜びへと学んでいきたいものです。

2．保育内容で留意しておきたいこと：保育内容の意義

　保育内容を学ぶ際，まず保育と保育内容の意義について理解を深めていきましょう。

　日本では，乳幼児教育保育施設が保育を行う，と法律で規定されており，保育が養護と教育を一体的に行うものであることは，自明です。幼稚園については，「幼稚園は，義務教育及びその後の教育の基礎を培うものとして，幼児を保育し，幼児の健やかな成長のために適当な環境を与えて，その心身の発達を助長することを目的とする」[2]（下線は筆者による。以下同様）ととらえられています。

　また，保育所については，「保育所は，保育を必要とする乳児・幼児を日々保護者の下から通わせて保育を行うことを目的とする施設（利用定員が二十人以上であるものに限り，幼保連携型認定こども園を除く。）とする」[3]とあります。

　さらに，認定こども園については，「この法律は，幼児期の教育及び保育が生涯にわたる人格形成の基礎を培う重要なものであること並びに我が国における急速な少子化の進行並びに家庭及び地域を取り巻く環境の変化に伴い小学校就学前の子どもの教育及び保育に対する需要が多様なものとなっていることに鑑み（…中略…）小学校就学前の子どもに対する教育及び保育並びに保護者に対する子育て支援の総合的な提供を推進するための措置を講じ，もって地域において子どもが健やかに育成さ

◆2　学校教育法第22条

◆3　児童福祉法第39条

2

◆4 就学前の子どもに関する教育，保育等の総合的な提供の推進に関する法律第1条

◆5 前掲資料（◆1）。

（2024年7月1日閲覧）

れる環境の整備に資することを目的とする[4]」と示しています。

ですから，「保育は教育か養護か？」「教育の中の保育か？」「保育の中の教育か？」といった「どちらが優勢か？」という議論でとらえることではないことを，心しておきたいものです。このことは，前述の通知においても，「保育所保育指針（平成29年3月31日厚生労働省告示第117号）において，『養護』の視点及び『養護と教育の一体性』が重要であるとされたことを踏まえ，指定保育士養成施設においては，これらに関する内容を個々の教科目のみではなく，養成課程を構成する教科目全体を通じて教授すべき[5]」と提示しています。

保育内容を学ぶうえで，どこまでが養護でどこからが教育か，としてとらえるのではなく，養護の側面と教育の側面を自覚しつつ，どのように関係し合っているのか，総合的に保育の内容について学び考察することに留意しておきたいものです。

第2節 子どもの権利を地軸として保育内容総論を学ぶ意味・意義

1．子どもの主体性に思いを馳せること

保育内容を学ぶうえで，最も大切にすることは？と問われたら，まず，子どものことが思い浮かぶことでしょう。「何のために保育内容を学ぶのですか？」「なぜ保育者になろうと思ったのですか？」と問うと，「子どもの健やかな育ちを支えたい」「子どものよき理解者となりたい」「子どもと共に成長したい」という声が多く聞かれます。何よりも保育の意義は，子どもへの愛と慈しみをもって，子どもが子どもとして乳幼児期を生きられるよう，一人の人格者としての権利を保障することにあります。今を生き，未来社会・世界の担い手である子どもの育ちの貢献につながるという壮大な営みでありましょう。すなわち，保育は，生涯にわたる人間形成の基盤を培う役割をもち，子どもの最善の利益を保障しているかどうかが問われているのです。

このことは，児童福祉法で「全て児童は，児童の権利に関する条約の精神にのっとり，適切に養育されること，その生活を保障されること，愛され，保護されること，その心身の健やかな成長及び発達並びにその自立が図られることその他の福祉を等しく保障される権利を有する[6]」と

◆6 児童福祉法第1条

明確に表されています。

　子ども一人ひとりのもつよさと可能性を信じること，見出すことが重要視されることから，近年，保育の中で「子どもの主体性」を大切に，という言葉を頻繁に耳にするようになりました。OECD（Organisation for Economic Co-operation and Development：経済協力開発機構）の研究・論議の中でも，子どもの遊びの大切さが語られ，その中で乳幼児期に「子どもが夢中になって主体的に遊ぶことが文化普遍的に大事にされている[7]」と，「主体」の語句を世界的に乳幼児期において大切にしようと打ち出されているのです。

　子どもが遊びや生活を通して主体的に社会に関わっていることは，生まれて間もないときから身のまわりの環境に働きかける（じーっと見つめる，にっこりしたり泣いたりする，音のするほうに体を向ける，動くもの（虫や植物）があると手や口で確かめる等々）姿から一目瞭然でしょう。子どもは，生まれながらにして，他者や身のまわりの世界と関係性をもとうとする存在，すなわち自ら生きて育ちたいと社会に参加する存在であり，子ども，とくに乳幼児期の性質（発達の特性を含む）が尊重され，守られることが欠かせないのです。今，あらためて子どもの権利を保障することからの保育内容が問われているのです。

2．日本における子どもの尊重：「児童憲章」に学ぶ

　日本では，1951（昭和26）年5月5日に「児童憲章」が制定されました[8]。前文，総則と12項目から成り，前文では，「われらは，日本国憲法の精神にしたがい，児童に対する正しい観念を確立し，すべての児童の幸福をはかるために，この憲章を定める」とあります。児童憲章の精神を謳っている総則では，「児童は，人として尊ばれる」「児童は，社会の一員として重んぜられる」「児童は，よい環境のなかで育てられる」と明記されています。児童憲章が制定された記念式典で，当時の吉田茂首相が「わが国の次代をになうこどもの人間としての品位と権利を尊重し，これに良い環境を与え社会の一員として心身ともにすこやかに育成することはわれわれの責務であります」と教訓的な挨拶を述べています[9]。乳幼児の人間としての品位と権利を尊重することを，保育の根幹としてしっかりと心に留めておくことが肝心なのです。

　児童憲章は，母子健康手帳にも明記されています[10]。子ども一人ひとりが命を授かったときから，社会の一員であるととらえて，よりよい育ち

◆7　秋田喜代美「主体的な遊びを育てることの価値とアポリア」『発達』150，2017年，pp.18-22.

◆8　児童憲章については，下記資料を参照。厚生省児童局長通知「児童憲章について（昭和26年6月2日　児発第296号）」

◆9　日本子どもを守る会「児童憲章の制定と『日本子どもを守る会』の誕生」

（2021年8月28日閲覧）

◆10　自治体によっては「親子手帳」「親子健康手帳」と称しているところもある。

の環境を構成することが保育者の使命です。

3．世界の視座で子どもの最善の利益の保障を考える：「子どもの権利条約」

　子どもが尊重されなくてはならないことは，日本に限ったことでありません。世界的な視座で子どもを尊重し，権利をもつ人として保障する条約が「子どもの権利条約（正式名称「児童の権利に関する条約」：Convention on the Rights of the Child）です。OMEP（世界幼児教育・保育機構）[11] 日本委員会の現会長・上垣内伸子（かみがいちのぶこ）は，子どもの権利条約は子どもを権利の主体かつ条約の当事者としてとらえており，子ども自身が行動することを大切にするための条約として解釈しています。[12]

　子どもの権利をまちの営みの根幹に据えているイタリアのレッジョ・エミリア市レッジョ・チルドレン財団[13] 代表のカルラ・リナルディ（Carla Rinaldi）は，「子どもは生まれたときから権利をもち，市民であり，現在の市民であると同時に，将来の市民でもあり，国境をはるかに越えた存在です」と記し，生まれたときから携わっている学ぶ力，質問する力，答えを求める力を認め，子どもの有能性を肯定することが優れた幼児教育の場である，ととらえています。[14] 保育を考える際，世界的視座で子どもの最善の利益の保障を考えることを心がけたいものです。

　本書では，子どもの権利を地軸として保育内容について学びます。子どもが今を最もよく生き，望ましい未来を創（つく）る基礎を培うための生活と遊びの世界を子どもと共に創造する心もちで学んでいきましょう。

◆11　OMEP（世界幼児教育・保育機構）正式名称は，Organisation Mondiale pour l'Éducation Préscolaire（フランス語）。幼児教育に携わっている人々が国境を越えて子どもたちのために協力する目的をもって生まれた国際機関。

◆12　OMEP日本委員会「巻頭言　児童憲章制定70年目のこどもの日に寄せて」『OMEPニューズ』54(1)，2021年.

◆13　レッジョ・チルドレン財団（Fondazione Reggio Children）

◆14　Rinaldi, C. (2020). The child as citizen: Holder of rights and competent. The Reggio Emilia educational experience. *Miscellanea Historico-Iuridica*, **19**, pp. 11-22.

第 I 部

子どもに生きる保育の世界に出会う

第1章

生まれたときから子どもには権利がある
保育内容総論の基本

Mission 「子どもの権利」について知る。

Vision 子どもの権利についてさまざまなメディアを通して調べ，その重要性を学ぶ。

Passion 子どもの権利を保障する保育を大切にし，その実践のために心がけたいことを表現する。

・・・・・・・・・・・・・・・・・

　本章では，保育内容の根幹である子どもの権利について学び（第1・2節），保育を通して育みたい子どもの資質・能力と，育ってほしい子どもの姿（第3節）を理解します。そして，子どもの権利を保障するうえで欠かせない保育者のあり方（第4節）について学び，考えます。

第1節 「子どもの権利」と出会い，理解する

1．保育の根幹：子どもの権利＝子どもの最善の利益を保障すること

　保育実践の根幹を成すのは「子ども観」と言っても過言ではないでしょう。というのは，子どもをどのようにとらえているのか，子どもをどういう人として見ているのかが，保育内容に影響を及ぼすからです。もしも，子どもは何も知らず未熟で弱い人である，という子ども観で保育を実践することになると，子どものまわりの大人（保育者）が教えこんだり指示したりする活動や生活になりがちでしょう。そうした生活を続けていたら，どのような子どもとして育つのでしょうか。おそらく，子どもは大人（保育者）からの指図を待ち，言われた通りにすることに専心

◆1　外務省訳では「児童の権利に関する条約」。本書は，日本ユニセフ協会の翻訳である「子どもの権利条約」を採用する。

◆2　ウェルビーイングについては，本書第8章を参照。

◆3　公益財団法人日本ユニセフ協会「子どもと先生の広場　子どもの権利条約について」

◆4　公益財団法人日本ユニセフ協会「世界の子どもたちを知る　子どもの権利条約」

（2021年8月30日閲覧）

◆5　子どもの権利条約や人権については，以下のような動画も参照。法務省「人権啓発ビデオ『国際連合創設70周年記念　すべての人々の幸せを願って　～国際的視点から考える人権～』」【子どもの人権】（日本語字幕）

公益財団法人日本ユニセフ協会「『子どもの権利条約』は，子どもたちとの約束」

するのではないでしょうか。一方，子どもは自ら育ちたい，知りたい，わかりたい，やってみたい，と好奇心と探究心に満ちている人である，という子ども観であれば，子どもの興味や関心に心を寄せて，子どもと大人（保育者）が共に活動や遊びを繰り広げる生活を大切にする保育展開になることでしょう。そうした環境の中で生活する子どもは，自分の身のまわりの人や物や事象に心身を傾けて，おもしろいことを繰り広げようと主体的に遊び，生活するのではないでしょうか。後者は，子どものありのままの姿を尊重する，すなわち子どもの権利を保障する子ども観です。子どもが保育の当事者，主体的に生活に携わる人であり，身のまわりの人（大人・保育者）と保育を創造していくためには，「子どもの権利＝子どもの最善の利益を保障すること」を保育の根幹にすえることが必須といえます。

　「子どもの権利条約」は，世界の子ども一人ひとりの心身の幸せ・健康＝ウェルビーイングを希求して，1989年11月20日，第44回国連総会で採択され，翌年発効しました。国連ではこの11月20日を「世界子どもの日」としています。日本では，1994年に批准されました。2022年3月現在，世界196か国が締約しています。

　ユニセフのウェブサイトでは，以下のように解説しています。

　「児童の権利に関する条約（子どもの権利条約）」は，子どもの基本的人権を国際的に保障するために定められた条約です。18歳未満の児童（子ども）を権利をもつ主体と位置づけ，おとなと同様ひとりの人間としての人権を認めるとともに，成長の過程で特別な保護や配慮が必要な子どもならではの権利も定めています。前文と本文54条からなり，子どもの生存，発達，保護，参加という包括的な権利を実現・確保するために必要となる具体的な事項を規定しています。

　保育に携わる私たち一人ひとりは，子どもの権利条約の意味の重みと深さを心に留めておきたいものです。

2．子どもの権利条約への理解：4つの原則と3つのP

　子どもの権利条約を根幹にすえて保育について学び実践するうえで，まず，「権利」について考えてみることにしましょう。耳にすることが

図 1-1　「権利」表示のサイン[8]

レッジョ・エミリア市の the Nilde Iotti municipal Infant-toddler Centre の入り口にて（プロジェクト「子どもの権利への旅」より）。
写真提供：© Preschools and Infant-toddler Centers − Istituzione of the Municipality of Reggio Emilia

◆6　レッジョ・エミリアについては，本書第12章第5節（pp. 161-164）を参照。

◆7　REMIDA は，神に願い，ふれるとすべてのものを黄金に変える力を得たギリシャ神話「ミダス王」に由来。市の企業等から集めた廃材が置かれており，市内の教育・保育施設等の素材として有効活用されると同時に，ワークショップを行う場でもある。

◆8　図1-1のカラー写真は以下。

◆9　日本からのレッジョ・エミリア研修における講義より（2018 年 11 月 5 日）。

多く，何気なく使う言葉ですが，「権利とは？」と問われると説明するのがなかなか難しいのではないでしょうか。子どもの権利を保育とまちづくりの根本精神にすえているイタリアのレッジョ・エミリア市[6]では，自治体立の乳児保育所と幼児学校の玄関や創造的リサイクリングセンターである REMIDA（レミダ）[7]の入り口等，子どもの居場所に "diritti"（権利）と書かれたサインが掲示されており，「ここは権利へと開かれた空間です」と表記されています（図1-1）。

イタリア内外の保育関係者への研修や世界の子どもたちの権利を守り促進する活動を行っている有限会社レッジョ・チルドレンの前統括長クラウディア・ジュウディチ（Claudia Giudici）は，子どもの権利について以下のように述べています。

- 子どもは，生まれたときから市民である
- 子どもは，独自の学び方を有している
- 子どもは，他の市民と関係をもてる
- 子どもは，モノゴトに驚き，望み，好奇心を有する

また，大人にはこれらのことを保障する義務があり，同時に子どもも「権利」を創る主体であり，権利そのものが今ここに「あること」の重要性を語りました[9]。

教育学者の大田堯（おおたたかし）は，「みんなに通じる正義，多くの人に通じる正義というのが，『権利』の本来の意味ではないかと。あえて大和言葉にす

◆10　多様な学び保障法を実現する会（旧：「（仮称）オルタナティブ教育法」を実現する会）「教育学者大田堯さんのお話を聞く——子どもの学習権を考える」

（2021年8月31日閲覧）

◆11　前掲（◆4）。

（2021年8月30日閲覧）

◆12　日本弁護士連合会「子どもの権利委員会一般的意見12号」2009年.

（2021年8月31日閲覧）

るならば『当たり前』でしょうか」と語りました。人と人の関わりにおいて，誰にでも当たり前に「オーライ！（大丈夫／承知しました／そうそう）」と言い合えることを保障するのが保育の原点，と言い換えられることでしょう。

そのためには，「子どもの権利条約」の「4つの原則」と「3つのP」を尊重することになります。

「4つの原則」は，以下の通りです。

- 命を守られ成長できること（第6条）
- 子どもにとって最もよいこと（第3条）
- 意見を表明し参加できること（第12条）
- 差別のないこと（第2条）

すなわち，日々の生活の中で「子どもにとって最もよいことなのか」と問い，子どもが携えている背景や状況がどうあっても差別せず，子どもが意見をもち，表すことを当たり前とすることが権利の原則なのです。

そして，「3つのP」は，以下の通りです。

- Provision（条件整備：必要なものが与えられる）
- Protection（保護）
- Participation（参加）

「子どもは保護されているか」「最善の環境の中で生活しているか」「子どもの思いが聴き入れられているか」と，保育の中で「4つの原則」と「3つのP」を当たり前として実践することに留意して歩んでいきたいものです。

第2節　「子どもの権利条約」と4つの柱

ここでは，ユニセフが子どもの権利の内容を編集した「4つの柱」に着目します。「4つの柱」への理解を深める手がかりを，本書の内容と絵本，児童文学，映画から考察することにします。子どもと共に，仲間と共に子どもの権利について，より具体的に実践的に学び，理解を深め

ていきましょう。

1. 生きる権利

　ユニセフでは，生きる権利を「住む場所や食べ物があり，医療を受けられるなど，命が守られること」と解説してわかりやすく言い換えています。「当たり前」であるはずの生きる権利は，地球規模でみると温暖化や環境汚染，パンデミック，戦争，紛争やテロの脅威や飢餓，日本でも深刻な貧困や虐待と自然・政治・経済・社会的な困難さに直面しており，保障されているとはいいがたい現実があります。今，子どもとして・人間として生きることの価値・尊さについて，心を傾けてみたいものです。

Work 1　「生きる」ということを考える

「生きる」ということについて，以下の本や映画（DVD 等）などを見て，自分の言葉で表現してみましょう。
（参考）谷川俊太郎（詩）　岡本よしろう（絵）『生きる』福音館書店，2017 年.
　　　　『小さな生命の詩── LIFE BEFORE LIFE』2007 年.
　　　　『いのちの子ども』2010 年.
　　　　『ベイビーズ──いのちのちから』2013 年.
　　　　『いのちのはじまり──子育てが未来をつくる』2016 年.

---

2. 育つ権利

　育つ権利については，「勉強したり遊んだりして，もって生まれた能力を十分に伸ばしながら成長できること」，また，「児童の発達を可能な最大限の範囲において確保する」とユニセフでは解説しています。日本の保育で大切にしていることが，「遊びを通しての学び」を保障することです。本書の第 2 章では「子どもの発達」について，第 3 章では「遊びと学びの関係性」について，さらに第 10 章では「インクルージョン」について言及しています。いかなる社会文化の背景や身体的・心理的な困難があっても，人として育つ権利を妨げてはならないことを次の事例から考えてみましょう。

ある国の子どもの話 ◆13

　カンは，保健所からとてもはなれたところに住んでいたので，予防接種を受けていません。カンは4歳のころ，ポリオにかかり両足が不自由になってしまいました。カンが6歳になった時，両親はカンを家から一番近い学校に連れて行きました。けれど，学校は足の不自由な子どもの入学をみとめてくれませんでした。

◆13　公益財団法人日本ユニセフ協会『子どもの権利条約カードブック みんなで学ぼうわたしたちぼくたちの権利』2019年.

◆14　本書では，各教育要領・保育指針の表記に従い，原則として「障害」と表記する.

◆15　育つ権利について考える際，以下のような作品等も参考にされたい.映画『世界の果ての通学路』2015年.

◆16　マリー・ホール・エッツ（文・絵），よだじゅんいち（訳）『わたしとあそんで』福音館書店,1968年.

　上記は，育つ権利を保障しているといえるでしょうか。心身の障害の◆14有無にかかわらず，尊厳ある人として誰もが教育を受けられるために，「何が妨げになっているのか」「どのような行動を起こしたいか」を考え，一歩踏み出せるよう自身に問いかけ，仲間とも話し合いたいものです。◆15

　また，育つ権利における遊びの意味についても考えてみましょう。遊びとは，子どもの主体性をとことん尊重することですが，「遊ばせること」と「遊ぶこと」は同じなのか？と問い，考えてみたいものです。絵本『わたしとあそんで』◆16は，幼い女の子と動物や虫との関係性を描いたファンタジーの世界です。女の子は「あそびましょ」とバッタ，かえる，かめ，リスたちに声をかけますが，逃げられてしまいます。女の子が，誰も遊んでくれない，としょんぼりして静かに石の上にすわっていると，動物がゆったりと戻ってきて……（続きはぜひ読んでみてください）。遊ぶ権利についておだやかに静かに考える時を与えてくれます。絵本等を通して，そして何よりも実践を通して子どもの遊ぼうとする姿，遊ぶ姿を尊重していきたいものです。

3．守られる権利

　「紛争に巻きこまれず，難民になったら保護され，暴力や搾取，有害な労働などから守られること」とユニセフでは解説しています。「障害のある子どもや少数民族の子どもなどは特に守られること」と付け加えている解釈もあります。紛争や難民と聞くと，日本の子どもというより世界の子どものことと思われるかもしれませんが，目の前の子どもだけではなく，私たちは世界のすべての子どものことに思いを馳せて，子どもの権利について考えることが大切です。また，暴力については，児童虐待のことが思い浮かぶことでしょう。「身体的虐待」「性的虐待」「ネグレクト」「心理的虐待」に子どもがさらされていないか，虐待を受け

ている子どもに見られる徴候を感じとれる保育者でありたいものです。心身的な特性を携えている子どもに対しても同様です。

　また，日本は単一民族といわれることがありますが，歴史文化を紐解くと民族の多様性があることがわかります。外国籍や日本とは異なる文化背景を携えている子どものことを心に留めて，排除することなく，子どものありのままを受け入れ認め合い，保護することが保育の心もちであり，実践の真髄でありましょう。

　本書の第9章，第10章ともあわせて，「守られる権利を保障することとは？」という問いをもち，学びたいものです。[17]

4．参加する権利

　ユニセフの解説では，「自由に意見を表したり，団体を作ったりできること」を参加する権利として表しています。自由に意見を表すことを保障すると聞くと，「好きなことを言いたい放題させてよいのか？」「わがままになるのでは？」という声が聞こえてきそうです。自由にすることとは，自分の自由だけではなく相手の自由も保障することが求められます。すなわち，一人ひとりの思いを聴き合うこと，折り合いをつけることが参加することの基本となるでしょう。参加の英語表記は，participation ＝ part（部分）＋ cip（つかむ）＋ ation（〜になる）です。保育において，まさに一人ひとりが遊びや生活の部分を成す人であり，成員であることを保障することが参加する権利です。アメリカの教育哲学者のジョン・デューイ（Dewey, J.）は，「学校は社会の縮図である」と，学校を社会としてとらえていました。[18] 保育においても同様に，一人ひとりの子どもが参加する社会としての保育現場であるかどうかが問われているのです。

　また，「参加」と「みんな一緒に」を推進することは異なるということにも留意したいものです。絵本『フレデリック』[19] は，参加する権利について深く考える機会を与えてくれる一冊です。日本語版では「ちょっとかわったのねずみのはなし」のサブタイトルがついているように，のねずみのフレデリックは，4匹のねずみたちが冬に向けて小麦や藁をせっせと集めて昼夜働いているのに，仲間と同じようには働きません。「光やことばや色を集めている」と話し，悠々自適です。やがて，冬が来て食糧は尽きて体も心も冷えた中，フレデリックの語りがもたらしたことは……（ぜひ，絵本をご自分で味わってください！）。参加する権利，

◆17　守られる権利について考える際，以下のような作品等も参考にされたい。
映画『少女は自転車に乗って』2012年.

◆18　J. デューイ, 市村尚久（訳）『学校と社会・子どもとカリキュラム』講談社，1998年.

◆19　レオ・レオニ, 谷川俊太郎（訳）『フレデリック――ちょっとかわったのねずみのはなし』好学社，1969年.

◆20　参加する権利について考える際，以下のような作品等も参考にされたい。
映画『子どもが教えてくれたこと』2016年.

映画『ちいさな哲学者たち』2010年.

そして，一人ひとりの特性が尊重され生かされつつ，集団生活を創造する保育について考えていきたいものです。主に本書の第3章「子どもの遊びと保育内容の関係性」，第6章「乳児期の特性と保育内容」，第7章「幼児期の特性と保育内容」の事例から学びましょう。[20]

　子どもの権利は，世界のすべての子どもの最善の利益を保障するためにあります。本書で保育内容総論を学んでいる読者には，自分自身はどういう視点をもって子どもの育ちをとらえ，子どもと共に育つ人として歩むのかを考え，実践してほしいと願います。

第3節　保育内容の基本（考え方）と子どもの姿

　子どもの最善の利益を保障する保育の営みは，子どもの主体を尊重することが大前提としてあります。しかし，それは子どもの「したい放題する」「好きにする」「勝手にどうぞ」を容認することとはきちがえてはなりません。そうしたことは放任であり，保育者として子どもを守り，子どもの主体性を支えて，新たな遊びを創造するパートナーとしての役割としては失格でしょう。

　子どもにどういう体験をしてほしいのか，大人（保育者）には願いがあります。その願いが保育の場では教育的な意図であり，教育の心もちでしょう。現行の保育では，生涯にわたる学び手として育みたいこと，その過程（プロセス）において，幼児期の終わりまでに育ってほしい姿という方向性を打ち出しています。本節ではそれらを概観し，以降の章においても「育みたい資質・能力」と「幼児期の終わりまでに育ってほしい姿」がどのように関係し合っているのか留意して学びましょう。

1．保育＝日々の生活において育みたい資質・能力

　乳幼児期の教育から初等中等教育，つまり保育所・幼稚園から小中学校，そして高校に至るまで，教育課程の構造的な見直しがなされ，現行（2017年に改定・改訂，2018年度から施行）の「保育所保育指針」「幼稚園教育要領」「幼保連携型認定こども園教育・保育要領」には，「育みたい資質・能力」が示されました。「幼児期に育みたい資質・能力は，

小学校以降のようないわゆる教科指導で育むのではなく，幼児の自発的な活動である遊びや生活の中で，感性を働かせてよさや美しさを感じ取ったり，不思議さに気付いたり，できるようになったことなどを使いながら，試したり，いろいろな方法を工夫したりすることなどを通じて育むことが重要[21]」として，幼児期の特性に基づいて以下の「三つの柱」を示したのです。

◆21　文部科学省「新幼稚園教育要領のポイント」2017 年.

（2021 年 9 月 1 日閲覧）

- 豊かな体験を通じて，感じたり，気付いたり，分かったり，できるようになったりする「知識及び技能の基礎」
- 気付いたことや，できるようになったことなどを使い，考えたり，試したり，工夫したり，表現したりする「思考力，判断力，表現力等の基礎」
- 心情，意欲，態度が育つ中で，よりよい生活を営もうとする「学びに向かう力，人間性等」

　ここで留意することは，三つの柱を個別に育もうと専念することではありません。図 1 - 2 にあるように，「遊びを通しての総合的な指導」の中で，子どもの主体性，子どもの権利を保障することを念頭に置いて，一人ひとりの子どもの姿，子どもどうしの姿，子どもと環境の関わりの姿を描き出し，保育内容を省察し，日々の充実へと尽力することが大切です。

2．幼児期の終わりまでに育ってほしい姿

　保育所をはじめ保育現場は，人間形成の基礎を形成する重要な乳幼児期の生活や遊びを担っていることは言うまでもないことでしょう。同時に，子どもの育ちは保育の場で完結するのではなく，小学校教育，そしてその後の学びへと引き継がれ共有化されることが必須です。保育者は小学校教育における教科学習の内容への接続を見すえること，また，小学校教諭は保育の意味（養護と教育の一体化）を理解し幼児教育の内容を知ることにより，小学校教育の充実・発展へとスムーズにつなげていくこととなるのです。こうした幼児教育と小学校教育の接続の強化を図ることを背景として，5 領域のねらい・内容と関連させたうえで，「幼児期の終わりまでに育ってほしい姿（10 の姿）[22]」（図 1 - 3）が，2018 年度より示されたのです。ここで気をつけなくてはならないことは，「幼

◆22　「幼児期の終わりまでに育ってほしい姿（10 の姿）」については，下記資料も参照。
文部科学省「教育課程部会　幼児教育部会（第 2 回）配布資料 3」

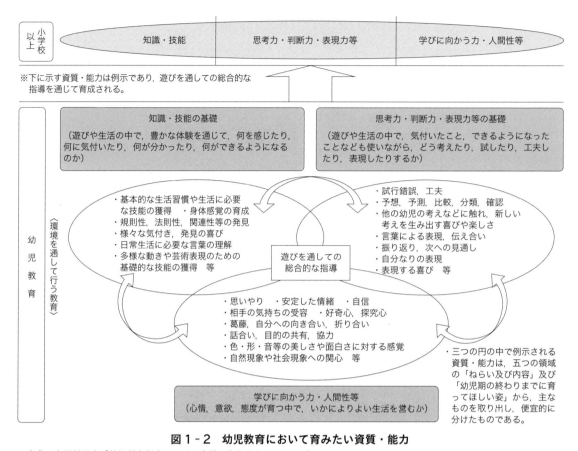

| 小学校以上 | 知識・技能 | 思考力・判断力・表現力等 | 学びに向かう力・人間性等 |

※下に示す資質・能力は例示であり，遊びを通しての総合的な
　指導を通して育成される。

知識・技能の基礎

（遊びや生活の中で，豊かな体験を通して，何を感じたり，
何に気付いたり，何が分かったり，何ができるようになる
のか）

思考力・判断力・表現力等の基礎

（遊びや生活の中で，気付いたこと，できるようになった
ことなども使いながら，どう考えたり，試したり，工夫し
たり，表現したりするか）

《環境を通して行う教育》

幼児教育

・基本的な生活習慣や生活に必要
　な技能の獲得　・身体感覚の育成
・規則性，法則性，関連性等の発見
・様々な気付き，発見の喜び
・日常生活に必要な言葉の理解
・多様な動きや芸術表現のための
　基礎的な技能の獲得　等

遊びを通しての
総合的な指導

・試行錯誤，工夫
・予想，予測，比較，分類，確認
・他の幼児の考えなどに触れ，新しい
　考えを生み出す喜びや楽しさ
・言葉による表現
・振り返り，次への見通し
・自分なりの表現
・表現する喜び　等

・思いやり　・安定した情緒　・自信
・相手の気持ちの受容　・好奇心，探究心
・葛藤，自分への向き合い，折り合い
・話合い，目的の共有，協力
・色・形・音等の美しさや面白さに対する感覚
・自然現象や社会現象への関心　等

・三つの円の中で例示される
　資質・能力は，五つの領域
　の「ねらい及び内容」及び
　「幼児期の終わりまでに育
　ってほしい姿」から，主な
　ものを取り出し，便宜的に
　分けたものである。

学びに向かう力・人間性等
（心情，意欲，態度が育つ中で，いかによりよい生活を営むか）

図1-2　幼児教育において育みたい資質・能力

出典：文部科学省「幼児教育部会における審議の取りまとめ」2016年．

◆23　文部科学省「幼稚
園教育要領解説」2018
年，p. 47.

◆24　下記資料を参照。
文部科学省「一人一人の
よさを未来へつなぐ――
学校教育のはじまりとし
ての幼稚園教育」2019年.

稚園教育要領解説」に「到達すべき目標ではないことや，個別に取り出
されて指導されるものではないことに十分留意する必要がある[23]」と示し
てある通り，あくまでも育ちの方向性をとらえる視点であることです。
卒園時に個々の姿が達成されているかどうかの視座でとらえるのではな
いことに留意しておかなくてはなりません。むしろ，子どもの遊びや生
活の姿の中に「こんな姿が育ってきているなぁ[24]」と感じ確認したり，人
との関わりを育んでいけるように，と言葉がけをしたり，遊びに誘った
り，活動を考えたりといった，保育者の子ども理解と省察に生かす視座
であってほしいものです。小学校教諭も，幼児期における教育内容を知
ることにより，生活科をはじめ，各教科との整合性や連続性を考慮した
学習内容を構成することが求められているのです。

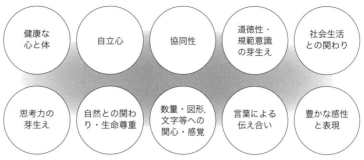

図 1-3　幼児期の終わりまでに育ってほしい姿
出典：文部科学省「幼児教育部会における審議の取りまとめ」2016 年.

第4節　子どもの権利と「聴き入ることの教育」との関係

　子どもの権利を保障し子どもの主体性を尊重する保育を展開する際，問われるのが保育者のあり方です。イタリアのレッジョ・エミリア市の乳幼児教育では，「聴き入ることの教育」（Pedagogy of Listening）を教育の根本として実践しています。佐伯胖は，以下のように解釈しています。

　　この「聴き入る」というのは，子どもがモノ・ヒト・コトに注意をむけて，それらの意味すること——「それらはそもそもどういうことなのか」についての考えや，それらの願い——「どうでありたいのか，どうしたいのか」——について，さまざまな情景に思い巡らせつつじっくり「聴き入る」ことと，さらに，おとな（保育者，教師）が，一人ひとりの子どもが意味づけている考えや願いにじっくり「聴き入る」ことの二つの意味を含んでいる。◆25

　このことは，本章冒頭で述べた子ども観と保育内容の関係に帰することに気づかれたことでしょう。聴き入ることの教育は知識や技術を教えこむ教育の対極にあり，子どもと共に創る保育実践の理論であり実践なのです。愛育養護学校の校長を長く務め子どもと共にある生活を送った津守眞とM子さんとのエピソードから，聴き入ることの教育のあり方を教えられます。

◆25　佐伯胖『幼児教育へのいざない［増補改訂版］——円熟した保育者になるために』東京大学出版会，2014 年，p. 207.

この子が庭で亀をいじっていましたが，亀が容器の縁から逃げ出そうとしていました。それを見ているうち，私は以前にこの子と隣りの幼稚園に遊びに行った時のことを思い出しました。幼稚園ではモルモットを籠に入れて飼っていました。M子さんはその籠を手に入れて外に出してしまいました。（…中略…）亀と遊んだこの日は養護学校の庭ですから，私も気が楽ですけれど，亀を容器の外に出す時には「ちょっと待って」と言いそうになりました。でもM子さんがどうするかを見ていようと思って，自分をおさえました。M子さんとやり取りしながらそばにいると，この子は自分で気を付けながらやっている様子が分かります。亀との関わりはとても自由で，だんだんと自然なものに変わってきたようです。後で気が付くと亀との遊びは二時間も続いていました[26]。

◆26 津守眞・津守房江『出会いの保育学――この子と出会ったときから』ななみ書房，2008年，pp. 209-210.

このときのことを津守は，「子どもの内面に目を向け，体の動きも心の動きも見えてきて，そこで得た洞察を持って新しく子どもにかかわるのです」と省察しています。まさに，「聴き入ることの教育」は，保育者の心を開き，M子さんの世界に入りその視座から生活や遊びを切り拓くことのおもしろさや新しい発見をもたらし，子どもの学びを保障することにつながることでしょう。

レッジョ・チルドレン財団の代表カルラ・リナルディ（Carla Rinaldi）は，「聴き入ることの教育」の実践について，「聴き入ることは時間を要する。真摯に聴き入ることは，時との対話であり，内なる省察であり，現在と未来という内面の時間との対話である。ゆえに時計的な時間の枠組みにとらわれない時でもあり，長い沈黙の時でもある[27]」と語りました。さらに，「見方や価値観が決して一様ではないとして多様な見方，多様な価値付けから，さまざまな『違い（差異）』を歓迎すること[28]」とも述べています。子どものありのままの姿を受け入れることと，子どもに育ってほしいという願いとの関係の中にある保育実践は，一筋縄ではいかないことが多々あります。その複雑性を受け止めつつ，子どもの権利を保障し，子どものよき理解者，代弁者，擁護者としての保育者のやりがいを覚えて学んでいきたいものです。

◆27 森眞理「『聴き入ること』から拡がる保育の世界」汐見稔幸・久保健太（編著）『保育のグランドデザインを描く――これからの保育の創造にむけて』ミネルヴァ書房，2016年，pp. 276-278.

◆28 前掲書（◆25），p. 207.

さらに学びたい人のために

木附千晶・福田雅章（著），DCI 日本＝子どもの権利のための国連 NGO（監修）『子どもの力を伸ばす　子どもの権利条約ハンドブック』自由国民社，2016 年.

　イラストや図表を豊富に織りこみ，条約の内容を丁寧に解説しています。幅広い年齢層と一緒に条約を考え話し合えるように，事例も数多く掲載され，漢字にはルビ（ふりがな）の工夫があります。手元に置いておきたい一冊です。

津守眞・津守房江『出会いの保育学──この子と出会ったときから』ななみ書房，2008 年.

　「出会うのはこちらの気持ちと相手の気持ちが呼び合い，認め合う双方向のものです」（p. 15）と著者夫婦は語りかけます。「出会い」をキーワードに，愛育養護学校の子どもとの関わりから著者夫婦が振り返るエピソードを通じ，子どもと出会うことの尊さ，楽しさ，複雑さを味わえる一冊です。

大田堯『国連子どもの権利条約を読む』岩波書店，1990 年.

　子どもの身になって教育について問い，語り合うことを提唱し続けた著者による，子どもの権利条約の基本を理解するための必読書です。子どもの権利条約が採択されるまでの経緯や，権利の内容を具体的な事例や統計を通して知ることができます。子どもの願いに聴き入ることの重要性を確信することでしょう。

 演習課題

M 子どもの権利について自身が理解したことをまとめよう。

V 子どもを取り巻く課題を，新聞・雑誌・インターネット等で調べて，子どもの権利との関係性（重要性）について学びを深めよう。

P 子どもの権利を保障する保育者の姿を思いめぐらし，自身が考える保育者の姿を仲間と話し合おう。

第2章

子どもの育ちに驚き，
保育内容との関係性を学ぶ

Mission　子どもの興味・関心，発達や生活に即した保育内容について知る。

Vision　一人ひとりの子どもの自分らしさを大切にする保育内容を学ぶ。

Passion　子どもの育ちに驚き，子どもから学び考える保育者としての関わりを大切にする。

・・・・・・・・・・・・・・・・・

第1節　子どもからはじまる保育内容

1．子どもの力を信頼する育ての心

◆1　倉橋惣三（1882-1955）
児童心理学者であり，日本の「幼児教育の父」と呼ばれる。日本初の幼稚園，東京女子高等師範学校附属幼稚園（現・お茶の水女子大学附属幼稚園）で主事を務め，子どもの自ら育とうとする力を信じ，子どもの自発性を重視した誘導保育論などを提唱し，保育実践を通して保育理論を形成した。

◆2　倉橋惣三『育ての心（上）』フレーベル館，2008年，p. 3.

◆3　浅見佳子ほか『子どもからはじまる保育の世界』北樹出版，2018年，p. 3.

　保育は子どもの言葉にならない思いに目を向け，自ら育とうとする子どもの力を信頼し支える希望に満ちたものです。倉橋惣三[◆1]が「自ら育つものを育たせようとする心，それが育ての心である」と述べたように，「保育は『子どもからはじまる』ものであり，子どもが創り出す世界をともに味わう[◆3]」という考えのもと，多くの保育者は保育を行っています。「子どもからはじまる保育」とは，子どもの心が動き，はじめたことを大事に，それが遊びになっていくさまを待ち，その姿からねらいを立て，支えるという，目の前の子どもの思いや姿から保育を深めていくという保育のあり方です。子どもが長い筒の中にどんぐりを入れ，先から転がり出てくる様子に興味をもち，筒の中を覗きこみながら何度も繰り返して遊んでいる姿を見て，保育者はその遊びが発展するようねらいを立て，どんぐりの転がる様子が見える透明の筒やビー玉などの環境を構成して，子どもが遊びを選択し，夢中で探究できるように援助するのです。

　しかし，子どもの思いを大切にしたいと思いながらも，今の遊びを続けたい子どもの思いを受け止めるより，次に予定している活動のために片づけることを急かしたり，けんかをした相手にごめんねと言えることをつい優先してしまうことがあります。保育者が思い描く保育の流れやねらいを優先すると，子どもの気持ちは横に置かれたままの「保育者からはじまる（保育者主導の）保育」になってしまいます。そうならないよう，保育者は目の前の子どもの姿に耳を澄まし，瞳を凝らして，子どもが見ようとしているものを共に見て，子どもの気持ちに心を寄せながらわかろうと関わるのです。100人の子どもがいればその感じ方や学び方も100通りあります。友達と力を合わせたダイナミックな遊びが好きな子どもにも，一人で黙々と自分の興味のあることを続ける子どもにも，それぞれのよさがあることを理解したいものです。子どもたちは，自分のしている遊びを大人におもしろがり認めてもらうことで，自分は大切な存在なのだという自己肯定感を少しずつためこみ，意欲的に自分らしさを発揮して遊ぶようになります。保育者は子どもを，大人が守り，育て，教えるだけの未熟な存在として見るのではなく，自らよくなりたい，育っていこうとする主体的で生命感にあふれる存在として見るのです。そうすることで子どもには未知の可能性があると，子どもが次第に尊厳をもった一人の人間として見えてきます。[4] 子どもの気持ちや行為は，保育経験を積むことによってもなかなか理解することは難しいものです。けれど，わからないからこそわかろうと子どもに寄り添い，自ら「育つものの偉きな力を信頼し，敬重し」，[5] その主体的に伸びようとする力に驚き，その成長過程につき遵って子どもを支えようとする「育ての心」をもつことで，子どもの世界に一歩ずつ近づいていきたいと思うのです。育ての心は，子どもを育てるばかりではなく保育者自身も育てていきます。保育の専門家としての知識や技能を深く学び，保育者意識を身につけていくことが子どもの育ちを保障する保育者につながっていくのです。

2．子どもに聴き入り理解しようとするまなざし

　子どもからはじまる保育では，子どもと保育者との間に，「共感」を基盤とした応答関係が必要になります。それは，目の前で泣いている子どもと向き合い，泣かずにはいられないその子の思いや訴えを聴き，[6] その子の心もちに「なってみる」ことであり，「いやだったねえ」と子どもの気持ちを受け止めながら代弁し，周囲に発信することでもあります。

◆4　子どもと保育総合研究所（編）『子どもを「人間としてみる」ということ──子どもとともにある保育の原点』ミネルヴァ書房，2013年.

◆5　前掲書（◆2），p.3.

◆6　倉橋惣三は，子どものその時々の心もちに共感をしてくれる「うれしい先生」こそが，子どもが望む保育者であると述べている。前掲書（◆2），p.35を参照。

◆7　佐伯胖（編）『共感——育ち合う保育のなかで』ミネルヴァ書房，2007年，p. 24.

「共感」というのは，「その場にわが身をおいて，なんとかして，そこでの『良さ』を心底『納得』しようとする」ことです[7]。たとえば，子どもが夢中になってどろんこ遊びをしているときに，保育者が「汚れるでしょ」と思うか，「わあ，おもしろそう」と心を動かして一緒に同じ目線で遊ぶのかによって，理解できることや子どもの心の中に残るものは大きく変わります。「今，ここ」にある子どもの気持ちに思いをめぐらせながら，そのとき保育者は，子どもが「何をしているのか？」ではなく，「何を感じているのか？」に焦点を当て，育っていること，育とうと頑張っていることを肯定的にわかろうとしているのです。そのときの心もちは，「聞いてあげる」のではなく，子どもが興味をもって心動かしていること，こうしたい，こうなりたいと思っていること，困っていることを私にも「教えてほしい」という謙虚な気持ちでいるということです。「そのときには理解できなくとも，子どもの行為を何か意味あるものとして肯定的に受けとって応答していると，きっと，子どもの世界が見えてくるときがある」[8]のです。

◆8　津守真『子どもの世界をどうみるか——行為とその意味』日本放送出版協会，1987年，p. 149.

◆9　前掲書（◆7），pp. 25-26.

　佐伯（2007）[9]は子どもを見るまなざしには3種類あると述べています。1つ目は「その子どもにはどういう能力がありどういう性質があるかを推測しようとする」，「観察するまなざし」です。そこには子どもとの関わりや共感的理解はなく，「こちらで設定した尺度をあてはめれば推測できるはずだという想定」で子どもを見てしまうまなざしです。2つ目の「向かい合うまなざし」は，「こちらの要求を全面に出して『期待される子ども像』を押し付けてしまいがち」で，子どもは，「期待になんとか応えようと『がんばって』しまう」のです。

　一方，3つ目の「横並びのまなざし」は，子どもの見ているモノやその世界を「一緒に見ましょう，共に喜び，共に悲しみましょう」という思いで関わり，「私が見ている世界を，あなたも一緒に見てください」と相互に共感し合いながら理解しようとするまなざしです。子どもの行為の意図や意味を理解し，どうしたいのか，どうなりたいのかといった未来への期待や希望を共に感じようとするまなざしです。できる・できないといった到達度的に見る「観察するまなざし」や集団の中に子どもを入れこもうとする「向かい合うまなざし」では視野が狭くなり，その子のイメージは固定化され気持ちの理解ができなくなります。玩具をとられて思わず友達をたたいてしまう行為にも，問題行動として止めさせ，たたかれた友達の気持ちに気づくよう声をかけるだけでなく，たたかざるを得なかったその子の気持ちを受け止め，子どもが気持ちを主張した

り，折り合いをつけられるよう援助することが大切です。「あなたはどうしたかったの？」とその子の気持ちに寄り添い，「どうしたらよかったのかな？」と，次に同じような場面になったときに自分で判断できるよう，一緒に考え気持ちは共にあり続けることが，子どもを支え心身共に自立する子どもを育んでいくことにつながります。

3．子どもの発達や生活に即した保育内容

　保育所保育指針等には，保育所や幼稚園，認定こども園は「子どもに最もふさわしい生活の場」でなければならないと明記されています。子どもの「さながら（ありのまま）の生活[10]」の中で，子どもがさまざまなヒト，モノ，コトと出会い，関わり，心を通わせる経験を重ねることができるよう，家庭生活との連続性を考慮して乳幼児期にふさわしい生活の場をつくっていきます。そして，乳幼児の生活リズムを大切にしながら，興味や好奇心をもった遊びを中心に展開し，生活に必要な習慣や態度を身につけていきます。その際に大切なことは，まず，子どもの存在そのものや思いが尊重されており，「信頼できる保育者との愛着関係[11]」が築けていることです。自分が大切にされることで友達を信じ，よりよい関係を築けるようになることで，園が子どもにとって居心地よく安心して自己発揮できる場になっていきます。次に，園が子どもたちにとって共に生きるための「暮らしの場」となっていることです。一緒に楽しく食事をする，遊んだ後は片づけをして気持ちよさを感じる，飼育物をかわいがる，小さな子の面倒を見たり困っているときには助けてもらう，疲れたらほっと休憩するといった，何気ない日常の生活が保障されていることが重要です。そして子どもの主体性を大切に，したいこと，したくないことを選択して実行できる，「一人の人間として尊重される生活」になっているということです。園は，生活経験や発達もさまざまな子どもたちが集団で生活する場です。年齢に合わせた援助ではなく，子ども一人ひとりの発達の個人差や特性，家庭生活の状況などに応じ，個別に丁寧に対応することが大事です。「子ども一人ひとりを見る」ということは，「集団の中の個」として見るのではなく，ありのままの姿を，他の子どもと比較することなく受容し，尊重するということです。それぞれ違った発達や個性をもった子どもたちが，違った興味や関心をもちながら生活を共にし，友達のしていることに引きこまれ，響き合ったり，衝突したり，認め合ったりすることで，生活の場がいきいきとした豊か

◆10　倉橋惣三は，保育の基本は「生活を，生活へ，生活で」であると著書『幼稚園真諦』で述べている。保育は，子どもの「さながら（ありのまま）の生活」を出発点とし，子どもの自発的な遊びを中心とした手応えのある感動体験を含んだ生活を通して，生活がより豊かに高まり，子どもの生活に生かされていく循環が重要だとしている。

◆11　愛着（アタッチメント）とは，子どもが親や保育者など特定の他者に対してもつ情緒的な絆（信頼感）のこと。乳幼児期に母親らから愛され無条件に受け入れられていると感じることで形成される。イギリスの精神科医ジョン・ボウルビィ（Bowlby, J.：1907-1990）が提唱した。

な育ち合いの場になっていくのです。

4．遊びこみや探究につながる保育内容

　子どもは，遊びを通して何かに没頭することで大きく成長していきます。大人から教えられて知識や技術を身につけるのではなく，子ども自身が主体的に興味をもって，無理かもしれないと思うことに挑戦し，友達と夢中になり納得するまで遊びこむことから多様な学びを得ています。最初は何気なくはじまった遊びにだんだんと火がついて，おもしろくてしかたがなくなり，さまざまなアイディアを出して工夫や探究をすることで，「遊び」が本気の「遊びこみ」になっていきます。

　秋田（2009）によると「『遊びこんでいる』とは，第一に『没入している』状態，集中している状態であり，第二にその子どもたちならではの発想によって遊びが展開継続している過程にある状態であり，第三に遊びの素材を使いこなし，わが物としていく状況」であるとしています。そして，子どもが自分のやりたいことにとことん取り組むためには，「時間・空間・人間」の3つの「間」が十分に保障されていることが重要としています。

　「遊び」が「遊びこみ」になるときには，対象のモノや遊びに子どもが興味や憧れを抱き，やってみたいと自発的に関わっています。遊びの初期には，「やりたいけれどできない，できないけれどやりたい」という段階があり，「自発性」がその段階の支えになります。「やれと言われた（外発的欲求）けれどできない」のと「やりたい（内発的欲求）けれどできない」ではまったく意味が違い，できるまであきらめない原動力になります。図2-1は，野外調理の際に包丁で野菜を切ろうとしている3歳のS児の様子です。

　S児は大人の使う包丁に憧れを抱き，自分もやってみたいと挑戦します。はじめは慣れない包丁が怖くて体が後ろに引けていますが，次の写真では，怖さよりも包丁で野菜が切れることがおもしろくなり，もっと切りたいと前のめりになっていきます。そして右の写真では，包丁という道具を使いこなし，表情と構えから「自分一人でできる」という喜びと自信が感じられます。ここで大事なのは保育者の関わりで，けがをしないよう包丁の使い方を説明した後は，子どもが前に出るほど後ろに引いていき，子どもの一人でやってみたい意欲を尊重し，子どもを信じて見守る関わりに変化していることです。

◆12　秋田喜代美『保育の心もち』ひかりのくに，2009年，p. 24.

◆13　汐見稔幸・久保健太（編著）『保育のグランドデザインを描く──これからの保育の創造にむけて』ミネルヴァ書房，2016年，p. 7.

図 2-1　包丁に挑戦[14]

写真提供：筆者

◆14　図2-1のカラー写真は以下。

◆15　R. カーソン，上遠恵子（訳）『センス・オブ・ワンダー』新潮社，1996年，p. 23.

　また，夢中で遊びこんでいるときには，まわりの声も聞こえなくなり，その世界に引きこまれる「没入している」状態になることがあります。

　図2-2は，12月，前日の雨で道が川になったところに3歳児たちが出会った様子です。子どもたちは，水たまりや川などの水遊びが大好きです。はじめは川になった道に驚き，おそるおそる確かめるように足を入れていましたが，大丈夫と判断すると水の中を走りはじめました。しばらくすると，自分の動きで跳ね上がる水がおもしろく，早く走ったり足を高く上げたりと，より高く水しぶきが上がるように何度も試行錯誤していました。そのうち寒さも忘れて没入し，川の中に倒れこむ子どもも現れ，五感を通して水や地面との一体感を心ゆくまで味わっていました。起き上がってきた子どもの表情は満面の笑顔。しばらくして「没入している」世界から我にかえった子どもたちは，はじめて寒さに気づき，保育者に手伝ってもらいながら着替えをしたのです。このような五感を通した原体験は，「センス・オブ・ワンダー＝神秘さや不思議さに目をみはる感性[15]」によってもたらされます。子どもは自分の動きで変化する水（川）という環境で遊びこむことで，考える力や探究心を養い，新たな発見をして満足感を得ています。また，友達と体験を共有することで，一体感を味わい仲間意識や社会性が育っています。この遊びを「寒いのでは」や「着替えが大変」といった大人の都合で禁止しては，豊かな体験は生み出されないのです。

図2-2　夢中で水遊び[16]

写真提供：筆者

Work 1　マッチをすれるかな？

　QRコードの動画（筆者撮影）は，野外炊事2度目の5歳児たちがマッチをすって薪に火をつけようとしているところです。右から2番目のI児が慣れない手つきでマッチをする様子をみんなで見守っています。

　この動画を視聴し，それぞれの子どもの気持ちの変化を読み取り，この場面での学びを考察しましょう。各自で考察した後に，3～4人のグループで意見交換をし，考えを共有しましょう。

　　人によって違う視点で，多様な読み取りができることに気づいたのではないでしょうか。子どもたちは，I児の「怖いよ〜」という気持ちを

◆16　図2-2のカラー写真は以下。

自分の不安感と重ね合わせ，まるで自分がマッチをすっているかのように，共感を超えたI児の身になる体験をしています。子どもはできないことを乗り越えて成長したい，よくなっていきたいという願望をもち，自分だけではできないことをみんなの力を借りて乗り越え成長しています。遊びですから，うまくいかないこともあります。そのうまくいかなかったからこその経験知（経験することで身につく知識）が，考え探究することに子どもを導き，遊びが深まっていきます。やりたいことを心ゆくまで味わい，その「喜び」も「大変さ」も「結果責任」も子ども自身が引き受けることで，予測しにくい未来の困難に立ち向かう生きる力が身につくのです。

第2節　生きる力を育む保育内容

1．子どもの主体性と保育の目標

　保育では，子ども自ら関わる環境を選択し，十分に保障された時間や空間の中で，友達と協調し納得するまで遊びこみ，自分の世界を広げていく主体者として尊重されることが基盤となっています。しかし，気づくと子どもの「この遊びをもっとやりたい」という思いよりも，保育者が子どもにできるようになってほしいことや経験させたい活動を優先させる「保育者主導」の保育になっていることも多く見受けられます。それは，保育者からはじまる保育のほうが，目指す子どもの姿が決まっており，わかりやすく進めやすいからです。また，一見子どものできることが増えることで，子どもが意欲的に取り組んでいるように見え，保護者たちにも成長した姿が伝わりやすく受け入れられやすいという一面があります。一方で，子どもの主張を重視するあまり，子どもを自由に遊ばせ，保育者はけがをしないよう見守っているだけの放任の保育になっていると思われる事例も見受けられます。これは本来の「子ども主体」の保育ではありません。保育で目指していることは，「子どもが現在を最も良く生き，望ましい未来をつくり出す力の基礎を培う」[17]ことです。保育者は，保育の目標が達成されるように子どもの興味や発達，生活の実態に即した保育内容を，環境を通して計画的に行うことで子どもの成長を支えているのです。その環境は教育的意図のいっぱいつまった自由

◆17　厚生労働省「保育所保育指針」第1章「総則」1（2）「保育の目標」2017年.

（2024年7月1日閲覧）

さにあふれた環境であることが大切です。そして，子どもがやりたくない場合は保育者の提案を退ける選択ができる，対等な関係性が築けていることが重要です。保育において保育者と子どもは，保育する側，される側という立場の違いはあっても，基本的には対等な主体者です。保育の実践過程の中では，子どもの主体性と保育者の意図性がバランスよく構成された子どもと保育者の「相互主体性」が求められているのです。

2．子どもと共に育ち学び続ける保育者の役割

　倉橋惣三は，保育者とは「明るさを頒かち，温かみを伝え，生命を力づけ，生長を育てる」「小さき太陽」[18]であると述べています。それは，子どもの伸びようとする力に驚き，行動や感じ方，考え方が常にいきいきとし，目の前の子どものその瞬間の心もちを見落とさず，泣かずにはいられない心もちに共感してくれるうれしい保育者という姿です。その保育者には，次のような役割が求められています。①活動の理解者としての役割，②共同作業者としての役割，③憧れを形成するモデルとしての役割，④遊びの援助者としての役割，⑤精神的に安定するためのよりどころとしての役割[19]です。保育者はこれらの役割を相互に関連させながら，子どもが自ら育とうとする姿を支えていくよう，多角的な視点で柔軟に援助しているのです。

　そして，子どもたちが帰った後の一息ついたときに，その日の保育を振り返り省察しています[20]。そこでは，いかにうまくいったか，いかなかったかという技術的な省察だけでなく，その遊びがその子の育ちにどのような意味があったのかという実践的な省察や，今日の遊びを明日にどうつなげていくのかといった発展的な省察をしています。秋田（2009）は[21]，保育者が自身の関わりをとらえるための3つの視座について，次のように述べています。「第一は，子どもの内面や行為に対する『感受性』，どれだけ応答的にとらえられているのか，そして第二は，その子どもの次の一歩へと深める（中略）『刺激的，挑戦的環境の提供』ができているかです。そして，第三には，子どもにどれだけ自由な『選択や思考判断の余地』を与えているかという点です」。自身の保育を振り返り，目の前の子どもに寄り添い，その思いに応えられていたのか。その育ちを予測して方向づけ，子どもにとって自身の限界に挑戦したくなるような没頭できる環境構成が行えていたのか。また，子どもが自己決定することをできる限り尊重し，心の底からやりたいと思うことを支えていく保育

◆18　前掲書（◆2），p. 29.

◆19　文部科学省「幼稚園教育要領解説」2018年，pp. 109-110.

（2021年8月15日閲覧）

◆20　倉橋惣三は保育者の省察の大切さについて述べている。前掲書（◆2），p. 49や本書の終章を参照。

◆21　前掲書（◆12），p. 76.

になっていたのかと省察することが大切です。その際に，目の前の子どもを固執した見方で理解していないか，他の理解の可能性があるのではないかと，自分自身を開いておき，保育者どうしの話し合いからその子を多面的にとらえることが重要です。保育という仕事は，「自ら育つものを育たせようとする」[22]明るく温かいものであると同時に，人間を人間へ教育しつつあるという人間教育でもあります。その厳(おごそ)かさや責任を心に刻み，日々昨日の自分より一歩進んだ保育者になるよう子どもと真摯に向き合うことで，真の保育者を目指していきたいものです。

第3節　個と集団：認知主義から社会構成主義へ

１．個の育ち理解から，周囲との関係性からの育ち理解へ

　子どもを理解するには，子どもの発達観を知っておくことが大切ですが，それは時代により変化しています。多くの研究者は長い間，知識は子どもの外側にあるもので，子どもは大人に教えてもらうなど知識を外部から取りこむことによって獲得するのだと信じてきました。しかし，ピアジェ（Piaget, J.）[23]は，子どもが環境に主体的に働きかけ，外界との相互作用を通して自分自身で法則を発見し，知識をつくり出す（内部から構成する）としたのです。その考え方は「認知主義（個人構成主義）」と呼ばれ，それまで無能だとされてきた乳幼児は，自ら知識を身につけていく自律的で有能な学び手であるという子ども観へと，大きく転換したのです。[24]たとえば，泥だんごづくりで，最初は湿った砂を使い，途中からサラサラの砂をかけて磨き，何度も失敗しながらピカピカに完成したとします。この経験から，子どもは水分によって変化する砂の性質の違いを理解し，これまでの泥のイメージから知識の枠組みを上書きして，磨けば光るといった知識を身につけるという考え方です。ピアジェは，子どもが遊びを通してより高い知識を自らつくり出していく個の力を重要視し，大人はやり方を教えたり評価しないことが大切だとしました。

　一方，ヴィゴツキー（Vygotsky, L.）[25]は，知識は社会や文化の中にあり，子どもがヒトやモノといった周囲の環境との社会的関わりをもつ中でもたらされるものだと主張しました。それは，学びを個人の能力だけでなく，子どもが属する共同体（家族，仲間，クラス，園等）に参加するこ

◆22　前掲書（◆2），p. 3.

◆23　ジャン・ピアジェ（1896-1980）
スイスの発達心理学者。認知主義の他に，誕生から青年期までの知能や思考は段階的に発達するとして，発達を４つの段階に分類した認知発達段階説を提唱した。その段階のうち，前操作期（2〜7歳）の子どもの特徴として，世界を自分の視点でとらえ，相手の立場に立つことが難しい自己中心性があるとした。

◆24　C. カミイ・加藤泰彦（編著）『ピアジェの構成論と幼児教育 I ──物と関わる遊びをとおして』大学教育出版，2008年，p. 3.

◆25　レフ・ヴィゴツキー（1896-1934）
旧ソビエト連邦の心理学者。子どもは他者との相互作用の「関係の網目」の中で育つとした社会構成主義の考え方以外に，子どもの言語について，外言（社会的言語）は他人に話すための言語である一方，内言（子どもの独り言）は，考えるための言語であり，個人内での対話が思考そのものであるとした。

◆26　L. E. バーク・A. ウインスラー，田島信元ほか（編訳）『ヴィゴツキーの新・幼児教育法――幼児の足場づくり』北大路書房，2001 年，pp. 16-18.

◆27　発達の最近接領域（ZPD）
子どもが独力で課題を達成できる発達レベルと，大人の援助や能力のある仲間との共同活動によって達成できる発達レベルとの間にあるへだたりのことである。保育者は，このへだたりの領域に働きかけることによって，子どもの発達を促すよう保育を行っている。

◆28　足場づくり（scaffolding）
子どもの関心に共感を寄せ，その子の発達の最近接領域を見通しながら，子どもが活躍できるよう一歩先を見越した環境構成などの適切な援助を行うこと。

◆29　学びの物語（ラーニング・ストーリー）
ニュージーランドではじまった子どもの評価理解（アセスメント）の方法。子どもの園生活の中での「学び」を，子どもの目線に立ち，肯定的にとらえて文章で記述した，子どもが主人公の物語のこと。本書の第12章第4節（pp. 158-161）も参照。

◆30　大宮勇雄『学びの物語の保育実践』ひとなる書房，2010 年，p. 28.

とで，そこで共有されている文化を獲得し関わる世界が広がることだとした「社会構成主義[26]」の考え方です。子どもの問題を考えるときに，その子個人の特性の問題としてとらえるのではなく，子どもの背景にある家族や友達，保育者との「関係の網目」の中で起きる出来事として複数の視点でとらえるのです。そして子どもの発達には，子どもが一人で成し遂げられることと，大人や自分より能力のある友達からの援助や協同によって達成できることの間にへだたり「発達の最近接領域（Zone of Proximal Development：ZPD）[27]」があるとしました。保育者はその領域に適切に働きかけ，子どもが思わず挑戦したくなる遊びの環境の「足場づくり[28]」をすることで，より高い能力を発揮し身につけることができるよう援助するのです。このように，子どもは周囲の人たちとの関係性の中で育つという考え方は，現在の保育所保育指針等にも生かされています。そして，保育者は，子どもの目線に立ち，子どもが主人公の「学びの物語（ラーニング・ストーリー）[29]」を描くことで，子どもの「できない」を「参加しようとしている」と肯定的にとらえ，どの子も「予想できない可能性をもつ有能な学び手」として見ようとしています。それは，否定的な行動をしているけれど「受容する」ということではなく，「子どもとは，その可能性において豊かであり，有能で，力強く，力にあふれ，大人や他の子どもたちとの結びつきの中で生きる存在である[30]」と信頼して見守るということなのです。

2．差異を認め合い，育ち合う保育内容

　子どもたちは国，地域，園，家庭などのさまざまな集団に所属することで，言葉や習慣，社会のルールなど，その集団に見合った社会性を獲得し，人の中で生きる力を身につけていきます。集団の中で自己発揮するには，特定の大人に十分に愛され，人を信頼する経験を積み，集団遊びを通して自分と違う価値観があることに気づき，互いのよしとすることを尊重し合う寛容さを身につけることが大切です。個性ある子どもたちが同じ目的のために協同することで，得意な力を出し合い，自分の気持ちを収めたり，葛藤を乗り越え，感情を共有して個性（差異）を認め合う関係になっていきます。自ら育とうとする一人ひとりの個性（差異）が尊重され，一人の人間として認め合う，保育者も含めた「育ち合う共同体」をつくっていくことが，子どもの育ちを支える保育の奥深さとおもしろさなのではないでしょうか。

さらに学びたい人のために

浅見佳子ほか『子どもからはじまる保育の世界』北樹出版，2018 年．

　保育の現場経験が豊富な筆者による理論を現場の視点でとらえた保育のテキスト。子どもを保育の中心にすえる保育の原点を学び，子どもを尊重し一人ひとりが自己実現できるような保育のあり方を考えます。

佐伯胖（編）『共感──育ち合う保育のなかで』ミネルヴァ書房，2007 年．

　育ち合う保育を行うために重要な，乳幼児を理解するための子どもを見るまなざしや共感について問い直す本。保育者として子どもとの関わり方や共感する力について考えるうえで参考になります。

演習課題

M　子どもの興味・関心，発達や生活に即した保育内容について，自身が理解したことをまとめよう。

V　一人ひとりの子どもの自分らしさを大切にする保育内容について，次の課題を通して学びを深めよう。動画を視聴して，一人ひとりの子どもの思いやその変化について考え，子どもの思いや行動にどのように影響し合っているのかを考察しよう。
【場面：大事にしていた虫を落とし，友達が拾ったのを見つけて返して ほしい C 児（3 歳児ピンクの T シャツ）と，返したくない S 児（3 歳児ピンクの縞模様 T シャツ）。その様子を見守る 5 歳児たち】

P　子どもの育ちに驚き，子どもから学び考える保育者として，子どもとどのように関わり合うか，その心もちについて話し合ってみよう。

第3章

子どもの遊びと保育内容の関係性

Mission　乳幼児期の遊びの大切さについて知る。

Vision　保育における子どもの遊びと学びの関係性について学ぶ。

Passion　保育者として，遊びが広がるための保育内容（環境構成・言葉がけ・関わり合い等）を大切にする。

・・・・・・・・・・・・・・・・・・

　本章では，子どもの遊びと学びの関連性，遊びと保育内容の関係性について学びます。

　幼稚園教育要領には「幼児の自発的な活動としての遊びは，心身の調和のとれた発達の基礎を培う重要な学習であることを考慮して，遊びを通しての指導を中心として第2章に示すねらいが総合的に達成されるようにすること[1]」と記されています。保育所保育指針においても，「子どもが自発的・意欲的に関われるような環境を構成し，子どもの主体的な活動や子ども相互の関わりを大切にすること。特に，乳幼児期にふさわしい体験が得られるように，生活や遊びを通して総合的に保育すること[2]」と記されています。このように，乳幼児の教育や保育において，遊びは重要な位置づけがなされているのです。佐伯（2004）[3]は，「遊び」と「学び」は本来渾然一体のものであるとし，幼児の世界では遊ぶことも学ぶこともほとんど区別がないことから，幼児は遊びの中で学んでいると指摘しています。

◆1　文部科学省「幼稚園教育要領」第1章「総則」第1「幼稚園教育の基本2」2017年.

（2021年8月14日閲覧）

◆2　厚生労働省「保育所保育指針」第1章「総則」1「保育所保育に関する基本原則」(3)「保育の方法オ」2017年.

（2024年7月1日閲覧）

◆3　佐伯胖『「わかり方」の探究——思索と行動の原点』小学館，2004年.

第1節　遊びこそ学び

1．「遊びこそ学び」の根本考察

　遊びについて考えるとき，オランダの歴史家ホイジンガ（Huizinga, J.）がまず思い浮かびます。ホイジンガは，著書『ホモ・ルーデンス』[4]の「まえがき」で，次のように述べています。通常，人間を表す語として，「ホモ・サピエンス」（人類，知恵のある人）または「ホモ・ファベル」（作る人）という語が用いられていますが，彼は両者とも人間を表す語としては不十分であると指摘しています。彼は，遊ぶ動物も多いことを認めながら，人間を「ホモ・ルーデンス」（遊ぶ人）と呼ぶことにこだわりました。この言葉は，人間の本質をより多く示唆していると考えられます。ホモ・サピエンスは人類を示す学名，ホモ・ファベル，ホモ・ルーデンスは造語です。[5]

　ホイジンガは，人間存在の根源的な様態について，「人間は遊ぶ存在である」という結論に達しました。その理由として，人間の歴史の起源として原初的な人間の生活と行動——言語，宗教，生産の技術，求愛，各種の儀礼，芸術の発生における状態の中には，「遊び」としか名づけようのないものがあり，この遊びという質が文化の発展，共同体の組織にも大きな役割を演じていると指摘しています。人間生活の根源的な状況において，遊びが生活を規定し，時には生活自体が遊びだったのです。ホイジンガが文化を成り立たせる営みとして遊びに注目しているのは興味深いことです。

2．遊びと学びの関係性

　ここで，実際に保育の実践を振り返りながら子どもの遊びと学びについて考えてみましょう。

◆4　J. ホイジンガ，高橋英夫（訳）『ホモ・ルーデンス』中央公論新社，1973年.

◆5　ホモ（homo）＝人。サピエンス（sapiens）＝知恵のある。ファベル（faber）＝作る。ルーデンス（ludens）＝遊ぶ。

電車遊び・線路づくり

　おやつを食べて，保育者が絵本を読んだ後，電車遊びが好きなA児（2歳児）は，自分の好きな色の電車をつなげたり，円形の線路をつなげたりして遊んでいます。1歳児のD児とE児がその遊びを近くでじっと見ています。しばらくするとD児が，A児が線路をつくっているすきに，A児がつくった電車をもって床で押して遊びはじめました。その後，電車の磁石がとれることを楽しみ，一つひとつ外しています。それに気づいたA児は，「それ，Aくんのだよ，ダメ」と言って電車を取り返しました。

　しかし，今度はE児が，A児がつくっていた部分の線路を一つひとつ夢中になって外していきます。その様子を見たA児は，先生に抱きつき，「線路こわれちゃった」と訴えました。先生はその思いを受け止め，「せっかくAくんが大事にしていた線路こわされちゃったね。でも怒ってぶったりしないで，先生とても嬉しい気持ちになったよ。また一緒に線路つくろうか」と言うと，A児は「うん」と言ってまた線路づくりをはじめました。

　1，2歳児の好きな遊びの一つに電車遊び・線路づくりがあります。1，2歳児の特徴としての一人遊びを充実させるために，保育室にはいろいろなタイプの車や電車など乗り物の玩具が置いてあります。木でできた線路や磁石で連結させることのできる電車が多くあるほか，陸橋や停留所もあり，思い思いの電車遊びができます。

　この事例では，A児が，自分のつくった電車や線路でD児やE児が遊びはじめたことについて，自分から相手に，また保育者に関わる姿が見受けられます。入園して2年目を迎えるA児は，ものをとられたりするとすぐに友達にかみついたり，ひっかいたりすることが多い子でした。そのたびに保育者は，かまれたら痛いこと，悪気があってとっているのではないから，たたいたりせずに「やめて」（「いやなの」）と相手に言うこと，困ったら先生に教えてよいことを話していました。A児は，先生の言葉を覚えており，遊びの中における他児との関わりに生かしていたことは，A児にとって大きな成長であり，学びなのです。

　なお，グレイ（2018）[6]は，遊びを定義する5つの特徴について，①遊びは自己選択的で，自主的である，②遊びは，結果よりも過程が大事にされる活動である，③遊びの形や規則は，物理的に制約を受けるのではなく，参加者のアイディアとして生まれ出るものである，④遊びは創造的で，文字通りにするのではなく，「本当の」「真面目な」生活とはいくらか意識的に解放されたところで行われるものである，⑤遊びは能動的で，注意を怠らず，しかもストレスのない状態で行われるものであると

◆6　P. グレイ，吉田新一郎（訳）『遊びが学びに欠かせないわけ──自立した学び手を育てる』築地書館，2018年.

指摘しています。

3．遊びと保育内容

　乳幼児期の教育は人間形成の基礎を築くものであるので，生涯にわたってその人に影響を与え続けます。子どもは，遊びを通してさまざまなことを身につけます。

　保育内容とは何かを考える場合には，大きく２つのとらえ方，つまり狭義のとらえ方と広義のとらえ方があります。広義でとらえる場合は，幼稚園や保育所，認定こども園等で行われている，保育活動のすべてのことを指すことが多いといえます。つまり，幼児が登園してからすべての一日の活動が終わり，降園するまでに体験するありとあらゆる生活や活動を意味しているのです。

　一方，狭義の意味で使用する場合は，保育内容とは，幼稚園教育要領や保育所保育指針などに整理されている「健康」「人間関係」「環境」「言葉」「表現」の５領域を指していることが多いといえます。子どもの発達の視点に合わせたこの５領域は，小学校の各教科等とは異なり，それぞれが独立して指導をされることは幼稚園や保育所などではありえません。なぜなら子どもの生活は，５領域がさまざまに絡み合い，相互に関連し合いながら成立しているからです。

　砂場遊びでの事例から子どもの学びを見てみましょう。

砂場遊び（5歳児）

　暑い日が続く７月，大きな砂場は，「好きな遊びの活動」でとても多くの子どもたちがそれぞれに遊びを行っている場所です。

　A児，B児，C児，D児が登園直後，誰もいない砂場で山をつくりはじめました。A児が大きめのスコップで砂を盛って，B児が水をくみにいって，その水をC児が砂に混ぜて湿らせ，山にかけています。D児が山をシャベルでたたきながら固めています。この日の朝の「好きな遊びの活動」では，その山は20センチくらいの高さになっていました。

　昼食後の「好きな遊びの活動」の際，A児，B児，E児が朝つくった山を見て「もっと大きな山をつくろう」と話しています。E児は，A児とB児に「山がくずれないようにトントンして」と言われ，シャベルで山を固めています。シャベルで山を固めていてしばらくすると，E児は保育者に向かって「すごい大変だよ，一人でやるの大変だから先生も手伝って」と言います。保育者が「どうやってお山をつくればいい？」と聞くと，E児は「スコップでトントンしてくずれないように固くするんだよ」と言い，B児が，「お水をお山にかけてトントンすると固

くなるよ」と言いました。

　ここでは，一人ひとりが高い大きな山をつくるというイメージを共有しながら遊びが展開しています。砂や水，道具に主体的に働きかけながら，言葉のイメージを共有しています。水を砂にかけて山を固めると，固くなり頑丈な山ができるという認識は，以前に経験している泥だんごづくりで学んだことです。これは，過去の体験が新しい活動を生み出し，遊びが豊かになっていくことを示しているのではないでしょうか。

　E児は保育者に「すごい大変だよ」と言いながらも，友達の思いや状況を理解し，互いに影響し合いながら役割を遂行しています。幼児どうしの人間関係が高まり，互いに学び合い，目標に向かって協力して取り組む協同的な学びが行われています。

第2節　遊びをめぐる諸理論

1.「人との関わり」を育む

　多くの場合，人生最初の人との関わりは，養育者である母親との関係ではないでしょうか。母親との関係では，人としての基本を学び，またこの関係は社会化の過程において重要な役割をもちます。そして乳児期の人間関係においてとくに重要なのは愛着の形成です。

　愛着（attachment）とは，「ある人と，他の特定の人との間に形成される情緒的な絆のことであり，他の特定の人と情緒的に結びつきたいという欲求をもつ状態」を指しています。attachment という言葉にはもともと「付着」「くっつく」という意味がありますが，ボウルビィ（Bowlby, 1969/1982）は，「生物個体が危機的状況に接し，あるいは潜在的な危機状況を予知し，不安や怖れといったネガティブな情動が強く喚起されたときに，特定の他個体への近接を通して，主観的な安全の感覚を回復・維持しようとする行動システム」と定義しています。

　乳幼児の基本的な行動には「泣く」「発声」「微笑」「しがみつく」「後追い」等が見られます。そしてこれらの行動は母親や保育者との相互作用のきっかけとなります。「泣く」「発声」「微笑」の行動は人を呼び寄

◆7　Bowlby, J.（1969/1982）. *Attachment and loss: Vol.1 attachment.* New York: Basic Books.（J. ボウルビィ, 黒田実郎ほか（訳）『母子関係の理論　Ⅰ　愛着行動（新版）』岩崎学術出版社, 1991年.）

せる効果があり，これを「信号的行動」といいます。「後追い」や「し
がみつく」行動は，人に接近したり，または接近している状態を維持し
たりするため「接近行動」と呼ばれます。これらの信号的行動や接近行
動は母親や保育者との相互作用を促し，乳児にとって安心感といった情
動経験を導きます。

　遊びを通して育つものはさまざまですが，その中で重要視されるのが，
「人との関わり」に関する育ちです。

2．遊びをめぐる諸理論

　遊びの中で育つ「人との関わり」を考えるにあたって，乳幼児期の子
どもの遊びがもつ意義と大人の遊びとは根本的に異なります。

　大人の遊びは仕事の対極にあることが多く，仕事は必ず義務・責任・
制約等がともなうものです。したがって，大人の遊びは，こうした仕事
からの解放や息抜きとして位置づけられます。これに対して乳幼児期の
子どもの遊びは，大人の仕事にあたるような制約を受けず，解放や息抜
きとは性質の違うものであり，生活全体を指しています。乳幼児期にお
ける遊びとは，子ども自身が主体的に生きていくための学習の場であり，
生活の中核そのものといえます。

　対人関係の発達という視点から見た遊びの分類としては，パーテン
（Parten, M. B.）による①何もしない行動，②傍観的遊び，③ひとり遊び，
④平行的遊び，⑤連合的遊び，⑥協同的遊びがあります。また，心身の
発達からとらえた遊びの分類として，ビューラー（Bühler, K.）による
①機能的な遊び，②虚構的な遊び，③受容的な遊び，④構成的な遊びが
あります。さらに，ピアジェ（Piajet, J.）による，①機能遊び，②象徴
遊び，③ルールのある遊びなどが挙げられます。

 ## 遊びを通しての総合的指導：保育者の役割
第**3**節

1．成長，遊び，学びの新たな概念

　遊びと学びを子どもの世界で二分することは，そもそも不自然です。
とくに「仕事」「勉強」「学習」の概念が十分発達していない乳幼児期に

おいては，適用できないといえるでしょう。

　保幼小連携教育の重要性が示されている要因の一つは，幼稚園や保育所などでの就学前教育では「子どもの成長＝遊び＝学習」で指導していたものが，小学校へ入学したと同時に学びと遊びの分離傾向が見られることです。その分離は，「子どもの成長＝遊び＋学び」であればまだしも，往々にして「遊び＜学び」になる傾向があります。新しい概念の図式は，「子どもの成長＝遊び×学び」です。この概念は，子ども自身の活動の様子から学ぶことができます。たとえば，早期幼児期の描画行動は，落書きを意味するスクリブル（scribble）という学術用語で呼ばれますが，子どもはただ落書きをしているわけではなく，描写をしている中で学んでいるのです。

　子どもは，遊ぶことそのものが学びです。遊びのきっかけをつくり，それを教えるのは，保護者や保育者の役割でもあります。乳幼児期の子どもの遊びにおける保育者の役割やその意義の重要性について，大人がしっかりと認識していなければ，乳幼児の遊びの中に教育的意義を見出したり，遊びを支えたりすることは難しいことです。

2．乳幼児の遊びを支える保育者の役割

　ここで，遊びを支える保育者の役割について考えることにしましょう。

　第一に，子どもの理解者であることです。保育者には，一人ひとりの子どものことをあらゆる側面から理解しようとする姿勢が求められます。子どもを理解することは，そのときの子どもの心情を理解すると同時に，それぞれの子どものもっている背景を理解することでもありましょう。入園前の子どもは，家庭での生活が大半を占めます。幼稚園，保育所，認定こども園はさまざまな人間関係の中で育った子どもの集合体であり，いろいろな人や事柄に出会うことのできる場です。保育者はそうした子どもたちの背景を理解したうえで，子どもと接していくことが求められます。

　第二に，環境をつくることです。園の環境を考えるとき，園児が心地よく生活するための温かい空間でなければなりません。保育室内もそうですが，人的環境としての保育者の考えによって物的環境・空間的環境も構成されていきます。保育室内の整理の仕方，作品の飾り方などは保育者の好みを反映しています。その子どもたちの発達の状況に合った環境であるかどうかを常に省察し，試行錯誤することが重要です。

　第三に，遊びのモデルになり遊びを豊かにする役割です。子どもの遊びに足を踏み入れることによって，その遊びの楽しさを保育者自身が理解できることも多いのです。たとえば，砂場に一緒にはだしで入り，砂の感触を味わうことによって，子どもが足の裏で感じる砂の感触を理解することになります。子どもの発達や，子どもの主体的な学びとしての遊びを大事にする視点をもって遊びに関わることが肝要です。

　保育者の役割をまとめると，①育ち・発達の道筋をとらえた援助，②子どもを受容し，信頼すること，③子どもどうしの仲介者となること，④一人ひとりの発達の特徴を理解することとなります。子どもの遊びを支える保育者の遊び心，共に遊ぼうとする気持ちが，遊びを導くという発想よりも大事なことだといえるでしょう。

第4節　現代社会とこれからの遊びの展開

1．現代社会に生きる子どもたちの遊びの展開

　グローバル化や都市化と同じように，「デジタル化」もすでに世界を変化させています。急速な ICT（Information and Communication Technology：情報通信技術）の普及の勢いを止めることは不可能で，すでに経済から社会，そして文化まで，現代の生活のほとんどすべての領域に浸透し，私たちの日々の生活を形成しています。近年，子どもたちのメディア接触は，日常化・低年齢化してきています。パソコンをはじめとするデジタル家電の普及にともない，就学前から家庭においてさまざまなメディアと接しています。では，子どもたちは今，どのようにメディアと関わっているのでしょうか。

　あるとき，筆者が5歳児の保育室のごっこ遊びを観察していると，「じゃあ PayPay で払うね」「LINE するね」という会話が聞こえてきました。また，ある2歳児の男児は午睡から目を覚まして，暗い保育室の中で「アレクサ，電気つけて」と言いました。バーコード決済や SNS アプリ，人工知能を用いた音声認識技術等が子どもたちの生活の中に内在しているといえます。

　内閣府により2016年1月に示された第5期科学技術基本計画では，来るべき超スマート社会を実現するために Society5.0 が推進されました。

Society5.0 の社会では，IoT（Internet of Things）によりインターネットを通して人がモノとつながり，最適化されたさまざまなサービスが提供されるようになります。

こうした情勢の変化は，子どもの学びにも大きな影響を与えています。具体的には，小学校や中学校の学習指導要領の解説（文部科学省，2017）の冒頭に「改訂の経緯」として，「絶え間ない技術革新」や「人工知能（AI）の飛躍的な進化」などが明記されています。また，情報活用能力が，言語能力や問題発見・解決能力等と並んで，学習の基盤となる資質・能力として位置づけられました。

2017 年に改訂された幼稚園教育要領では，「幼児期は直接的な体験が重要であることを踏まえ，視聴覚教材やコンピュータなど情報機器を活用する際には，幼稚園生活では得難い体験を補完するなど，幼児の体験との関連を考慮すること」が示されました。このことからも，視聴覚教材やテレビ，コンピュータなどの情報機器の特性や使用方法等を考慮したうえで，幼児の直接的な体験を生かすための有効な活用を保育者や養育者は求められているといえます。

幼児の発達に合わせて，幼児の直接的な体験との関連を考慮しながら，直接的な体験だけでは得られない新たな気づきを得たり，体験で得られたものを整理したり共有したりすることで，幼児にとっての豊かな生活体験として位置づけることが重要です。

2．これからの遊びを支える保育者の役割

現在，保育を行う保育者や幼児を家庭で教育する養育者はデジタルネイティブ世代といわれ，生まれて間もないころから周囲にコンピュータやインターネットが存在していた世代です。そうした保育者や養育者のもとで新しいメディアも登場し，その影響が明らかとされていないままに使いこなしている状況なのです。そうした意味で，養育者や保育者のメディアリテラシーの育成も重要であると考えられます。

保育者も今の社会と対峙しつつ，今の子どもの最善の利益，生きる力の基礎を培う視点から，子どもの遊び環境を計画，構成していく必要があります。

新井（2019）は，読解力を向上させる幼児教育のあり方について，以下の7つを挙げています。

◆8　文部科学省「小学校学習指導要領解説　総則編」2017 年.

（2021 年 8 月 14 日閲覧）

◆9　文部科学省「中学校学習指導要領解説　総則編」2017 年.

（2021 年 8 月 14 日閲覧）

◆10　文部科学省「幼稚園教育要領」第 1 章「総則」第 4「指導計画の作成と幼児理解に基づいた評価」3「指導計画の作成上の留意事項（6）」2017 年.

（2021 年 8 月 14 日閲覧）

◆11　新井紀子『AI に負けない子どもを育てる』東洋経済新報社, 2019 年.

- 身近な大人どうしの長い会話を聞く機会を増やすこと（特に多様な年代の大人どうしの会話を聞く機会をもつこと）
- 身近な大人が絵本を開いて繰り返し読み聞かせを行うこと
- 信頼できる大人に自分は守られているという実感をもてること
- 社会に関心をもつようになったら，ごっこ遊びができる環境をつくること
- 日々の生活の中で子どもが身近な小さな自然に接する時間をとること（子どもが十分に満足するまで，じっくり観察したり感じたりする時間をとる）
- 子どもが自分の関心に集中できる時間を十分に確保すること
- 同世代の子どもたちと十分に接する機会と，少し年上の子どもたちがすることをまねしたり，憧れたりする機会を確保すること

　そこで，これからの遊びとして重要なのは，機械やAIが担うことのできない人間ならではの創造性を培う遊びだと考えられます。創造性こそ21世紀に必要な生きる力です。

　新しいものを創り出す無限の創造力を人間は秘めています。その創造性は乳幼児期の豊かな遊びの中でしっかりと培われていく必要があります。そのときに大切なのは，温かい愛情に包まれた中で創造性を発揮していけることです。つまり，個人はもちろん仲間とも楽しくワクワクしながら創造的な遊びや生活を豊かに展開できるようにすることが乳幼児教育の重要な役割であり，その環境を構成するのが保育者の役割です。

　はじめに乳幼児が自分の体の内に，外の世界を取りこむ必要があります。それは感覚を通して取りこまれるので，乳幼児が全身全霊を感覚に集中させ，ワクワクしながら外の世界と交流できることを保育者は確実に保障してあげる必要があります。そのためには，多様な感覚を味わうことができる物的環境を整え，遊び時間・遊び場所を保障し，保育者が共感的に支えることが重要です。また，子どもが最初から結果を予想できてしまう保育活動の中では，創造性は育まれないと考えられます。

　最後に，これからの社会を生きる人間にとっての大事なキーワードは持続可能性です。これ以上地球を痛めつけないで22世紀の人類に引き継いでいく，その姿勢が持続可能性です。

　保育は今だけでなく未来を生きる人間を育てる営みです。私たち保育者がまず子どもたちに安心して生きられる地球を残していくこと，それがあらゆる保育に先立って大事だと考えるべきではないでしょうか。

◆12　持続可能性については，本書第11章を参照。

さらに学びたい人のために

中室牧子『「学力」の経済学』ディスカヴァー・トゥエンティワン，2015 年.

　本書は，教育経済学の視点から教育・子育て・幼児教育について言及しています。その際に，個人の成功体験や主観に基づく逸話ではなく「科学的根拠に基づく」教育・子育てを行うことを提唱しています。第 2 章では「子どもはご褒美で釣ってはいけないの？」「子どもはほめて育てるべきか」「ゲームやテレビは子どもに悪影響なの？」といった子育ての身近な問題を，科学的根拠に基づいて解説しています。

村田保太郎『特選　保育の根っこにこだわろう』全国社会福祉協議会，2013 年.

　「保育の根っこ」にこだわった保育とは，すべての子どもが「しあわせ」に生きることを保障される保育の実現のことを指します。それには 3 つの条件があると著者は指摘しています。また，第 1 章では子どもと関わるうえで重要な指摘がなされ，第 4 章では望ましい保育者のあり方とは何かについて言及されています。書き手の意志や心が伝わり，やさしく，具体的に保育をイメージしながら読むことができます。

小田豊『子どもの遊びの世界を知り，学び，考える！——子育て・保育セミナー』ひかりのくに，2011 年.

　子どもと子育て・保育に関して知り，学び，考えることを通じ，「子どもっておもしろい」「子どもってすごい」と，子どもの世界のすばらしさを感じられる書籍。3 部構成でエッセイ式の記述となっており，読みやすさも特長です。とくに第Ⅰ章は「少子化」を通して，子どもの数に目を向けるより，子育ての質，保育の質，子どもにとっての育ちをどのように保障していくかを考える内容となっており，その中で遊びこそ学びであることが主張されているので必見です。

 ## 演習課題

M 乳幼児期の遊びの大切さについて，自身が理解したことをまとめよう。

V 保育における子どもの遊びと学びの関係性について，本章で紹介したような研究者らの著作等を通じて学びを深めよう。

P 保育者として，遊びが広がるための保育内容（環境構成・言葉がけ・関わり合い等）についての心がけを話し合おう。

第4章

環境を通して行う保育を掘り下げる

Mission　保育における環境「ヒト」「モノ」「コト」について知る。

Vision　保育環境「ヒト」「モノ」「コト」の意味や重要性をとらえ，環境を構成する力の基盤を身につけるために学ぶ。

Passion　保育環境「ヒト」「モノ」「コト」の関係性を知り，大切にする。

・・・・・・・・・・・・・・・・・

第1節 保育環境「ヒト」「モノ」「コト」とは？

　乳幼児期は，直接体験が大切な時期ととらえられます。生まれてすぐに赤ちゃんは，ふれて・舐めて（味をみて）・嗅いで・見て・聞いてと，五感を通して外界を取りこもうとします。まさにこれが生きる力の源泉となります。だからこそ，乳幼児期の保育環境が重要で，人生の基盤づくりが多様な体験のできる環境の中で行われることが求められます。

　「三つ子の魂百まで」ということわざがありますが，これは決して「3歳児ごろにたくさんのことを教えてあげると，100歳まで役に立ちますよ」ということではありません。乳幼児期は，子どもがじっくりと「ヒト」「モノ」「コト」との直接的な関わりをもつことで心と体が養われ，それが一生涯の支えになるということです。

　本章では，乳幼児期に心と体を育む保育環境のあり方を，「ヒト」「モノ」「コト」の観点から掘り下げて考えてみたいと思います。

保育環境「ヒト」

1．愛情深い保育とは？

> 子育てをする中で・保育をする中で一番大切なことは
> 子どもを**「愛」**で包むことです
> 保護者として・家族として・先生（実習生）として
> 子どもに愛をもって
> ↓
> **《その愛とは？》**
> ありのままの姿を受け止める／信じて待つ／まなざしを向ける／
> 語りかける／話を聴いてあげる／子どもが欲しているときに抱きしめる
> （スキンシップ）／喜びのある時間・環境（ふれあい・あそびの時間）
> を保障する／子どもたちの安全・安心を守る……
> ＊
> 子どもは，保護者・家族・先生（実習生）・まわりにいる大人に
> 愛をもって受けとめられることで
> 喜び・自信の心をもつことができます
> 自尊感情・自己肯定感をもつことができます
> これが人生の柱となります

　それではここで，愛情深い保育・環境「ヒト」のあり方を，具体的な事例から考えてみましょう。

 おもらしの対応

　4歳男児Ａ児が，恥ずかしそうにもじもじとしながら自分のロッカーの前に立っていました。ズボンがぬれています。するとそこに近寄ってきたＢ児が「Ａくんおしっこもらしたの？」と聞きました。Ａ児は目に涙をためて「ちがう，水がこぼれたの」と言いました。そこに数名の子が集まってきて「どうしたの？」と尋ねています。その様子を見ていた担任の先生は，Ａ児の肩に手をやって笑顔で「Ａくんどうしたの？」と優しく声をかけました。Ａ児は涙を流して「水がこぼれたの」と小さな声で言いました。先生は「あ～ごめん。先生が置いていた水がかかったのかな。ごめんごめん。風邪ひいたらいけないからお着替えしようか」と言いながらＡ

児をカーテンの向こうの小部屋に連れていきました。先生がA児の涙をふいて着替えを手伝っ
ていると，A児は「先生，本当はおしっこもらした」と言いました。先生はA児をぎゅっと抱
きしめて「よく言えたね。着替えしたら気持ちがいいね」と，笑顔で声をかけました。着替え
が終わるとA児は，意気揚々と駆けていき，着替えをロッカーに片づけました。

　　この先生は，子どもの気持ちを受け止めて優しく，愛情深く支えてい
ます。決してA児を責めたり，怒ったりはしていません。この愛のあ
る援助によってA児の心の中に何が育ったかを考えてみてください。
　　もう一つの事例で愛情深い保育・人的環境をさらに考えてみましょう。

Episode 2　「自分で！　自分で！」

　2歳児クラスの子どもたちが外遊びを終えて入室してきました。汚れた服を着替えるのに，先
生たちが一人ひとりに声をかけながら手伝っています。そのとき，C児（2歳5か月）が，着
替えを手伝おうとした先生に大きな声で「自分で！　自分で！」と言って，長ズボンを自分で
はこうとしています。先生は，手伝おうとしていた手を止めて「Cくんすごいな！　ズボン自
分ではけるの！」と声をかけました。C児は「自分で！　自分で！」と再度言って，座りこん
でズボンに足を入れてはこうと頑張っていました。ところが，ズボンの片方に両足を入れてし
まいうまく立てません。壁をつたってようやく立ち上がりますが，動こうとすると足が踏み出
せずこけそうになります。先生は，こけそうになったC児を抱きかかえて，笑顔でC児の顔を
覗きこみました。C児が「できない！」と言うと，先生は少しC児をくすぐりながら「お手伝
いしましょうか?!」と声をかけました。C児は，ニッコリとして「先生！　して！」と言って
先生に抱きつきました。

　　自我の発達が著しい2歳児のこの時期はとても大切で，自分でやろう
とする心・意欲が育つ時期です。C児の個性と発達がわかっている先生
は，怒ったりせず，この子の思いを受け止めて，愛情深く，時間をかけ
て待っていました。保育者としての専門性が高い人だからこのような援
助ができたのでしょう。
　　人はこの世に生を与えられた瞬間から，まわりにいる人たちの愛情に
包まれた空間で育つべきです。愛されて育ったとの思いをもつ多くの人
が，愛の心を育み平和な世界を築いていこうとするからです。愛情に包
まれた空間は，保護者・家庭環境からはじまり，保育実践の場へとつな
がり，子どもたちは仲間を大事にする心をもち，親密な人間関係の礎を
醸成していきます。

まず，保育者は人的環境として，子どもたちの権利，健康，安全・安心を守り，ありのままの姿を受け止め，まなざしを向けながら，心に寄り添った保育実践をしていくことが肝要となります。

2．主体性を育む人的環境としての保育者

　乳幼児期は，人生で一番心が躍動する時期といっていいでしょう。子どもたちは自ら主体的に環境に働きかけていき，「おもしろい！　楽しい！」と喜びを感じる経験・活動（遊び）をする中で多くの学びを得ていきます。乳幼児期に教えられ指示される経験ばかりに偏ると，自らによる喜びの経験・活動が減退することになりかねません。そこで，子どもたちの主体性を育む保育者のあり方が，子どもの育ちにおいて鍵となります。

　保育者は，人的環境としての理解者，共同作業者・共鳴する者，憧れの対象，見守る人・待つ人であり，支え，援助することが大切になります。

　子どもたちの主体的な姿を支える保育者の援助について，次の事例から考えてみましょう。

Episode 3　どろんこ遊び

　初夏のよく晴れた日，前日の雨で水たまりができている園庭。4歳児クラスの子どもたちが，長靴をはいて飛び出していきました。一人の子が水たまりでジャンプすると，他のみんなもまねて水しぶきが飛び散って大笑いとなりました。先生は，「いい天気の中の水遊びは楽しいだろう」と，その様子を見守っています（理解者・見守る人）。そこで，先生もはだしになって水たまりの中に入りバシャバシャと足踏みをすると，みんなの顔にまで泥水がかかり子どもたちと共に大はしゃぎです（共同作業者・共鳴する者）。やがて子どもたちは，泥水の中でしゃがみこみ泥をさわり出しました。そこで，先生は泥をこね，泥だんごをつくり出しました。さらに，泥だんごに軒下のさらさらな砂をかけてきれいな泥だんごをつくり出しました。これを見ていた子たちが「ぼく／私もやりたい！」と泥だんごづくりをはじめました（憧れの対象）。汚れるのを躊躇してまわりから見ている子が数名いました。先生はその子たちのことを常に視野に入れながら（見守る人・待つ人），彼らが水をさわり出したのを見て，「楽しかったよ。入ってみる？」と声をかけました。

　次の2つの事例では，子どもたちの片づけの姿から主体性の育みについて考えてみましょう。

片づけ①

　園庭での遊びを十分に楽しんだ後，そろそろ片づけの時間となりました。それぞれのコーナーで子どもたちは，自分たちが遊んだ空間・遊具などを片づけはじめていました。ところが，園庭の一角が散らかし放題のまま，スコップやバケツなどが片づけられず放置されていました。これに気づいた先生が大きな声で「誰か！　ここまだ全然片づいてないよ！」と言うと，その声を聞きつけた数名の子たちがやってきて散らかっているものを片づけました。

片づけ②

　自分で遊んだコーナーの片づけを終え，クラスに戻ろうと歩いていた子が，園庭の片隅でスコップがたくさん放り出したままになっているのを見つけました。そして，その子が，スコップ入れのかごをもってきてスコップを片づけていると，まわりにいた友達も「手伝うよ！」と言ってスコップの片づけを一緒にしました。

　この2つの片づけの事例では，当然②のほうが，子どもたちの主体性が発揮されているといえます。この②のような主体性は，①のような経験を繰り返す中で先生や友達に「助かったよ。ありがとう」「きれいにしたら気持ちいいね」などと受け止められ，励まされることでも育まれます。このように子どもたちの主体性を育む環境においても，まわりにいる大人をはじめとする「ヒト」の環境のあり方が重要になってきます。

保育環境「モノ」

1. 自然環境の重要性

　大人は，雨の後にできた水たまりに長靴で入り，はしゃいだりはしませんが，幼児はキャーキャーと声を上げて楽しみながら飛びこんでいって水遊びをはじめたりもします。人は自然の一員という視座から考えると，乳幼児期の五感が鋭敏な時期にこのように自然にふれ，自然を知り，

興味・関心をもち，さらに自然を大事にする心を育んでいくことが重要になります。本節では，子どもたちを取り巻くモノ・環境の中でも，自然環境がとくに大切であるということから考えていきたいと思います。

Episode 6　自然物を使ったままごと

　5歳児の女の子・A児が，砂場の横に繁茂しているハーブの中からペパーミントの葉っぱを数枚とってきて，すり鉢・すりこぎを使いすりつぶし出しました。A児が「今からサラダつくる！」と言うと，同じクラスのB児，C児がこの遊びに参加し，一緒に葉っぱをちぎり出しました。このままごとをしている中でC児が「これ，パパのハミガキのにおいがする」と言いました。するとA児，B児も「本当だね」と言って香りを楽しみながら，次々に葉っぱをつぶしていきました。ここで「ハミガキ屋さんです！」とC児が言うと，A児，B児も「ハミガキ！ハミガキ！」と言って，集まってきた友達にすりつぶした葉っぱを渡し出しました。この過程でいつしかサラダをつくるままごとから，ハミガキ屋さんごっこに発展していきました。さらに，D児がミントを入れているすり鉢に，園庭の隅っこからとってきたヒイラギナンテンの実を入れてつぶし出すと，赤い色水が出てきました。「わあ，きれいな赤い色」と言ってじっとそれをながめていると，赤い色水がたちまちこげ茶色に変化していきました（ヒイラギナンテンの実の色水が酸化して化学変化を起こした）。その場にいた子どもたちはみな「魔法や！　魔法や！」の大合唱になりました。この植物遊びは，植物遊び・ごっこ遊びとしてこの後も数日続きました。

　このような自然物を使った遊びは，先生から発信されて一方向に導かれた遊びではありません。子どもたちが主体的に環境に働きかけて遊びを展開していきます。そして，遊びの中で，香りや感触を楽しみながら（五感を使いながら），自然物が与えてくれる多様な感覚・感性を養っています。これらの遊びを通して，子どもたちは興味・関心を増幅させ，好奇心・探究心を育んでいます。また，この体験で得られた感覚に刺激されて，「ハミガキ屋さん」のごっこ遊びにも発展しています。匂いからイメージを広げ，イメージをもってごっこ遊びになり，想像性・創造性を育てる遊びにもなっています。遊びの最後には，ヒイラギナンテンの実の色水の変化から子どもたちの「なぜ？」「どうして？」の心が生まれ，科学性の芽生えもうかがえます。

バッタとカマキリ

　園庭の草地にいるバッタをとろうと，4，5歳の子どもたち数名が虫あみをもってあちこち探しています。そこに，5歳児のA児がカマキリをつかまえてきてみんなに見せながら「これはバッタより強いからな。最強やから」と得意気に言いました。すると同じクラスのB児が，そのカマキリを入れた虫かごに大きなバッタを入れました。
　「わあ！　勝負や！」と数名の子どもたちが集まってきてその様子を見ています。カマキリはすぐにバッタをつかまえて食べてしまいました。ワイワイと騒いでいた子どもたちも，どんどん食べられていくバッタを見て静まり返りました。

　このとき子どもたちは，いろいろな思いで見ていたと思います。バッタがかわいそうだと思った子，捕食の様子を見て驚いた子，ただただ残酷に感じた子，おもしろく思って見ていた子……。
　さて，この事例から見えてくることは，乳幼児期は，生き物にふれたくなる・観察したくなる時期であるということです。そして，これらの経験を通して子どもたちは，生き物には命があることを知ります。だからこそ，子どもたちのまわりにいる大人は，自然物・生き物にふれる時間や機会，環境の保障をしてあげることが重要です。そして，生き物を慈しむヒト・モノの環境を整えることが肝要となります。

2．人工物のあり方

　モノの環境の中で，「なぜ遊具がいるの？　なぜ玩具があるの？　なぜ素材がいるの？」といった問いに，みなさんはどのように答えますか。子どもたちは，生まれながらにして遊びを通していろいろな感覚を養い，表現を楽しみながら成長していきます。
　それではここで，その玩具・遊具・素材というカテゴリーで子どもたちの発達に合ったモノの環境の意味・意義を考えてみましょう。

●玩具
パズル／積み木／ブロック／ままごとセット／ひも通し／汽車セット／人形／お手玉……
　こうした玩具は，イメージや遊び方を子どもたちに与え，子どもたちは玩具を手にしてそこから遊びを発展していきます。

●遊具

ボール／フープ／三輪車／スケーター／なわとび／玉入れ／つなひき／ブランコ／雲梯（うんてい）／すべり台……

　玩具同様，遊具もある一定のイメージや遊び方を子どもたちに提供し，子どもたちは遊具を用いる，遊ぶことで満足感が得られたり，遊びを発展させながら挑戦を楽しんだりすることにつながります。

●素材

絵の具／画用紙／折り紙／リボン／紙テープ／糊／セロハンテープ／ボンド／廃材（空き箱・プラスチック製の容器，発泡トレイ，ボタン，布切れ）……

　こうした素材は，描画，製作などの体験や感覚を養うための道具となります。

　たとえば，先生が画用紙に絵の具をゆっくりたらすと，1歳児の子などはおそるおそるさわるところからはじまり，感触を楽しみながら色を紙の上に広げていきます。さらに，色を混ぜ合わせることによる色の変化なども，この直接体験から感じ取り，表現の喜びを知るのです。

　リボンや空き箱なども最初は，手にすることから感覚的にふれることを楽しみ，次第に見立ての遊びに展開し，友達のしていることや先生からの援助によって紙を貼ったり，穴をあけたりと工夫することを学んでいきます。

　玩具・遊具・素材は，人工物として保育の中で用いられるようになった経緯があります。さらに，子どもたちは，人工物を用いた遊びの中で文字・数字といった文明環境にも出会うことになります。

Episode 8

文字：ひまりちゃんの「ひ」（4歳児クラス）

　秋，本棚に『ひがんばな』の絵本が立てかけてありました。A児が，本棚の前に座りこんでじっと絵本の表紙を見ていました。すると突然大きな声で，「これ，ひまりちゃんの『ひ』」と言ってニコニコしています。「ひまり」は，A児の名前で，覚えたてのひらがなの中でも自分の名前の頭文字が一緒だった『ひがんばな』の絵本・表紙に目をとめたのです。先生は，紙にひまり・ひがんばなと書いて壁面に貼りました。すると，A児は，紙とクレパスをもってきて，貼られている字を一つひとつまねて，繰り返し繰り返し，紙に書いていました。

数字：すごろく（5歳児クラス）

　お正月明けの保育の中で，先生が自由遊びの一つのコーナーにカルタやすごろくを出しておきました。すると，この遊びに気づいたA児が「すごろくや！　おじいちゃんとお正月にして楽しかった」と言いながら，2人の友達を誘って遊び方を説明し出しました。「これがサイコロで，これをこうやって転がして出た数字だけこれを動かせるんよ」。サイコロに慣れない2人は，サイコロの目をゆっくりと数えています。次第に慣れてくると，2人も「やった！　6が出た！」などとサイコロの目（数字）とマス目を動かすことで，おもしろくすごろく遊びが展開していきました。

　この2つの事例からもわかるように，幼児期の文字や数字への関心は，先生や大人に一方的に教えこまれて身につけていくのではなく，遊びの中で親しみながら体験を通して身につけていくことが重要なのです。

 保育環境「コト」

1．保育環境としての生活

　コトとの出会いも保育環境として，子どもたちの成長につながるものです。では，そのコトとは何を指すのでしょうか。たとえば，園環境につながる地域での出来事や行事などは，保育環境・コトに位置づけられます。次の事例で考えてみましょう。

散歩の途中，農家の方と（4歳児クラス，5月）

　毎日のように散歩に出かけている保育園での出来事です。友達や先生と手をつないで園の近くにある田んぼの横を通りました。先日まできれいに咲いていたレンゲ畑が，見事に耕されていました。子どもたちが口々に「あれ？　きれいな花だから抜いたの？」「レンゲ誰かがとったのかな？」と言いました。すると，大きな音とともに耕運機に乗った農家のAさんが現れました。Aさんは，エンジンを止めていつものように「おはよう」と挨拶をしてくれました。子どもたちも「Aさんおはよう！」と元気に言いました。そこで，一人の女の子が「Aさん，レンゲがなくなったよ」と尋ねるように言いました。Aさんが「そうか，レンゲを土に混ぜちゃったか

　ね」と言うと，子どもたちは「どうして？」「なんで？」とＡさんに聞き返しました。Ａさん
は「レンゲは土に混ぜると，これから植えるイネ，みんなが食べてるごはんが元気に育つんだ
よ」とわかりやすく教えてくれました。これを聞いて，先生が「レンゲって，イネを元気にし
てくれるってすごいね」と言うと，子どもたちも「レンゲすごいね」と感心しているようでし
た。子どもたちは，Ａさんに手をふって散歩の続きをしました。

　　　子どもたちは，この事例のように園内の経験・学びだけではなく，地
　　域とのつながりの中でもさまざまな事象と出会い，心を動かされて「お
　　もしろい」「もっと知りたい」「なぜだろう」と好奇心や探究心を育みま
　　す。また，同時にいろいろな人との出会いによって，人間関係を学んで
　　いくのです。

２．保育環境としての文化

　　　七夕，十五夜，正月，ひな祭り等，日本には四季折々さまざまな行事・
　　文化・風習があります。子どもたちは家庭や園でこれらの出来事・コト
　　を通して，日本人が大切にしてきた心を肌で体験していくことになります。

Episode 11　節分：家族を思う心（5歳児クラス，1月下旬）

　先生がクラスで『だいくとおにろく』の絵本を読みました。子どもたちが「本当に鬼ってい
るのか？」と言い出しました。先生は「どうかな？　いるのかな？」と子どもたちに問いかけ
ながら，節分の話をしました。すると，Ａ児が「おばあちゃんの家にはヒイラギっていうトゲ
の痛い葉っぱがあって，これを玄関につけといたら鬼が怖がって来ないらしいよ」と言いまし
た。次の日，先生がヒイラギの葉っぱをもってきてみんなに見せると，クラスの子どもたちは
「幼稚園の玄関にもヒイラギを貼っておくと鬼が来なくなる！」と口々に言い出しました。そこ
で，ヒイラギの話をしたＡ児が「イワシを一緒に貼ったらもっと鬼がいやがるらしい」という
情報をみんなに話しました。先生がこの話を聞いて「そうか，昔から家族を守るために，節分
にはヒイラギやイワシを飾ったんだね」と言うと，子どもたちは笑顔になって「よし，イワシ
をつくろう！」「粘土でイワシつくろうかな！」と張りきる姿が見られました。

　　　行事・文化・風習を保育に取り入れる場合，その由来などが大切です。
　　単なる製作や演奏をするためだけの位置づけではなく，事例にあったよ
　　うなコトとの出会いによって，心の中で育つ豊かさを大切にしなくては
　　なりません。

さらに学びたい人のために

**大豆生田啓友（編著）『あそびから学びが生まれる動的環境デザイン』学研プラス，
　2018年.**
　　子どもたちの主体的な保育環境について具体的な解説と共に写真資料もふんだん
に盛りこまれており，アクティブ・ラーニングの実践がわかりやすい本です。

**井上美智子ほか（編著）『むすんでみよう子どもと自然───保育現場での環境教育実
　践ガイド』北大路書房，2010年.**
　　子どもたちが自然環境にふれたくなるようにするには，どのような工夫が必要な
のでしょうか。その具体的な人的・物的環境のあり方を詳説してくれます。

 演習課題

M 保育環境「ヒト」「モノ」「コト」とその重要性について，自身が理解したことをま
とめよう。

V 環境構成の事例を自身で探し，保育環境「ヒト」「モノ」「コト」がどのように実現
されているかを学ぼう。

P 子どもたちが主体的に環境に関わる姿を，Vの課題で探した事例から見つけ出し，保
育者としてそのおもしろさと大切さについて話し合おう。

第 **II** 部

子どもが生きる保育の世界を探究する

第5章
·····················

子どもの生活から保育内容を考える
保育内容の変遷と社会的背景

Mission 保育内容がどのように変遷し，どういう視点が重視されるようになってきたのかを知る。

Vision 社会的背景の保育内容への影響，および小学校教育と保育内容の関係について学ぶ。

Passion 保育者として，今，子どもが幸福に生きるために大切にしたい保育内容を考える。

·················

◆1　明治期から昭和期の幼稚園制度・教育の歴史については，下記資料なども参照。
文部省「学制百年史」1981年.

◆2　汐見稔幸ほか『日本の保育の歴史——子ども観と保育の歴史150年』萌文書林，2017年，p. 78.

◆3　フリードリヒ・フレーベル（1782-1852）ドイツの教育学者。幼児教育の祖。幼稚園（Kindergarten）を創始した人物。著書『人間の教育』（1826年）など。

◆4　恩物（Gabe）フレーベルが開発した教育玩具。6色の毛糸で編んで包まれた六球，木製の球，立方体・直方体，豆や金属など20種類で構成されている。形や使い

第1節 幼児教育のはじまりの時期の保育内容

1．幼児教育のはじまりと保育内容[◆1]

　日本で最初の就学前教育施設は，1875（明治8）年12月，京都に設置された「幼穉（稚）遊嬉場」ですが，「幼稚園」という名称を最初に用いた幼児教育施設は，1876（明治9）年設立の東京女子師範学校附属幼稚園（現・お茶の水女子大学附属幼稚園）です。田中不二麿（文部大輔），中村正直（東京女子師範学校摂理），関信三（幼稚園初代監事）らにより，欧米諸国の幼児教育を参考に設置されました。

　翌年には附属幼稚園規則が制定され，目的や対象年齢（満3〜6歳），一日の保育時間，保育科目（保育内容）などが示されました。主任保育者（主席保姆）にはフレーベル（Fröbel, F. W. A.）[◆3]創設の養成学校で学んだドイツ人の松野クララが就任し，初代保姆の近藤浜，豊田芙雄（冬）らと共に，フレーベルが考案した恩物[◆4]による保育を行いました。

　開園当初の保育科目（保育内容）は，「課程乃規則」（遊戯，運動，談話，唱歌，開誘）の5科目でしたが，「物品科」「美麗科」「知識科」の3科

59

方に意味をもたせており，幼児がさわったり，それを使って表現したりして遊ぶ。恩物を使って遊ぶことで，自然や事物を体得することの大切さを説いた。(玉成保育専門学校幼児保育研究会『フレーベルの恩物の理論とその実際』フレーベル館，1964年，p. 333.)

◆5　二十遊嬉
フレーベル創案の恩物。お茶の水附属幼稚園旧蔵教育資料に「二十遊嬉之図」(複製)があり，机の上に恩物を置いて遊ぶ20人の子どもたちの姿が描かれている。「お茶の水女子大学デジタルアーカイブズ」

◆6　1872 (明治5) 年の学制 (学校制度や教員養成に関して定めた法規) 公布により各地に小学校が設立されたが，貧困家庭の子どもは乳幼児の世話をしなくてはならず，学校へは通えなかった。そのため，1875～80年代に「子守学校」が開設されるようになり，学齢期の子どもたちは乳幼児を連れて通うようになった。しかし専任の保育者はおらず，手のあいた子どもたちが交代で乳幼児を見ていた。

◆7　1908年に「守孤扶独 (しゅこふどく) 幼児保護会」と命名された。これが日本ではじめての常設託児施設といわれている。

◆8　静修学校の周辺は商業が盛んな繁華街で，保育ニーズが高かったという背景がある。

目に正式に制定され，さらに恩物を操作する「二十遊嬉[5]」と呼ばれる細かな項目 (子目) が示されました。「唱歌」「談話」「遊戯・体操」なども子目に残り，それぞれ30分程度に細かく区切って行われていました。当初の保育の実際は，フレーベルの恩物を扱う保育が取り入れられ，幼児教育のために新たにつくられた唱歌を歌うなど，子どもたちの日常の生活になじみのあるものとはかけ離れた保育を行っていたことがうかがえます。

　しかし，明治中期から後期には，アメリカの進歩主義的教育思想の影響により，子どもの生活や経験が重視される教育が流行するようになっていきます。

2．保育所保育のはじまりと保育内容

　現在につながる保育所施設へと発展した事例[6]として，1890 (明治23) 年開設の「新潟静修学校附設保育所[7]」があります。新潟市で教員をしていた赤沢鍾美 (あかざわあつとみ)，仲夫 (なか) 妻が，私塾「新潟静修学校」で，子守をしながら通う生徒の姿を見て，勉強に集中できるようにと世話をしたことがはじまりでした。次第に生徒が連れてくる乳幼児だけでなく，仕事や家庭の都合で子どもを預けたいという要望が高まり[8]，専任の女性保育者が別室で保育をするようになりました。私塾の附設としてはじまった保育所は「赤沢幼稚園」と称して，「幼稚園」の保育を模した独自の保育を行っていたといいます。戦後の児童福祉法施行後，「赤沢保育園」と名称を変更し，社会福祉法人として今日まで新潟市に存続しています[9]。

　1900 (明治33) 年，東京麹町 (こうじまち) で貧しい子どもたちのため，野口幽香 (のぐちゆか)，森島峰 (もりしまみね) によって二葉幼稚園[11]が開設されました[10]。貧困児童にも富裕家庭の子どもと同じ保育を行うこととし，保育内容は普通の幼稚園と同じ遊嬉，唱歌，談話，手技などでしたが，手技の中で製作した紙袋を菓子屋に販売するなどして預金し，卒園時の園外保育の電車代にしたり，記念樹の費用にしたりしていたようです。また，富裕層の子どもに合わせた保育の方法が不向きな部分は，子どもの実状に合わせて，必要と思われる生活習慣や言葉，園外の保育などの活動が盛りこまれ変更されました。生活習慣の部分で，とくに興味深いのは入浴についてです。毎週土曜日，清潔を愛するようにしたいという思いから，子ども一同を入浴させました。その日は，母親たちにも内職代を与えて，交代で手伝ってもらったそうです[12]。こうした保育内容は，親と子が家庭で生活していくことを支

えるものであり，保育所（保育者）が親子と協働して，共に自らの生活をよく生きようとする保育といえます。保育所の原点，生きていくことの原点をそこに見ることができます。

第2節　子どもの生活・経験への関心と保育内容

1．アメリカの児童中心主義からの影響

　明治中期から大正期になると，アメリカの幼稚園改革運動の思想に影響を受け，これまでの「恩物」中心の保育内容が批判されるようになっていきます。この運動の影響は1899（明治32）年公布の「幼稚園保育及設備規程」の中にも見られます。たとえば，保育項目を遊嬉，唱歌，談話，手技で構成し，これまで保育の中心にしていた恩物を手技に位置づけて他の3項目と並記し，第1の項目を「遊嬉」として自由な遊び（随意遊嬉）や歌・曲に合わせて体を動かす遊び（共同遊嬉）を重視しました。室内の遊びばかりでなく，戸外保育や幼児の自発的な活動が大事に考えられるようになります。

　アメリカでの児童中心主義やデューイ（Dewey, J.）[13]の経験主義・生活主義の影響は，早くは中村五六，[14]和田実[15]によって，その後には倉橋惣三[16]によって具体的な保育実践の現場へと伝えられます。

　倉橋は，東京帝国大学の学生時代から幼稚園を訪れ，「おにいちゃん」と子どもたちに慕われていました。ペスタロッチ（Pestalozzi, J. H.）[17]やフレーベルの思想に共感しつつも，その枠組みで子どもや保育を見ることはせず，[18]子どもたちとふれあう中で「子どもから出発し，子どもを中心におくという基本」を理念としてもっていました。[19]1917（大正6）年，東京女子高等師範学校附属幼稚園主事に就任した際，倉橋は自ら園長職を「園丁」と名乗り，幼稚園の「環境」から3つの改革をしました。[20]1つ目は，フレーベルの恩物をすべて箱から出して系統をまぜこぜにして竹かごに入れて積み木としたこと，2つ目は，遊嬉室の正面にかけてあったフレーベルの肖像画を外して職員室の壁面に移したこと，3つ目は朝の集会を廃止したことでした。フレーベルの思想という点では，その保育観を尊重しつつも，「フレーベリアン・オルソドキシー（フレーベル教条主義）[21]」については批判した[22]のです。倉橋は，幼児教育の本質は「根

◆15　和田実（1876-1954）
日本の幼児教育学者。東京女子高等師範学校助教授・東京府教育会保姆伝習所講師を務める。「幼児教育」という言葉をはじめて使った人物。1915年目白幼稚園開園。1930年目白幼稚園保姆養成所開校。著書『幼児教育法』（1908年，中村五六との共著）など。

◆16　倉橋惣三（1882-1955）
日本の教育者。東京女子高等師範学校教授・附属幼稚園主事。本書第2章も参照。

◆17　ヨハン・ハインリヒ・ペスタロッチ（1746-1827）
スイスの教育学者。民衆教育の父と呼ばれる。孤児や貧困家庭への教育を訴え，貧困学校を創設。著書『リーンハルトとゲルトルート』（1781年），『隠者の夕暮れ』（1780年）など。

◆18　倉橋惣三（著），津守眞・森上史朗（編）『子供讃歌』フレーベル館，2008年.

◆19　森上史朗『子どもに生きた人・倉橋惣三の生涯と仕事（下）』フレーベル館，2008年.

◆20　森上史朗『子どもに生きた人・倉橋惣三の生涯と仕事（上）』フレーベル館，2008年.

◆21　前掲書（◆20），p. 57.

◆22　この，恩物による保育がフレーベルの思想を正しく伝えていないという指摘は，東基吉（1872-1958）も著書『幼稚園保育法』で行ってお

の教育」[23]であると言います。保育者が与える教具に従って行うのではなく子どもの自発性の発展を促すことが重要であると言っています。また，倉橋は「生活を生活で生活へ」と言い，「子供が真にそのさながらで生きて動いているところの生活をそのままにして置いてそれへ幼稚園を順応させていこう」[24]としました。

　このように，倉橋はフレーベルやペスタロッチの思想から遊びの重要性や自発性の大切さなどを学びつつも，保育に実践される際の恩物中心の教条主義に陥ることを批判し，幼児のさながらの生活の中での学びを大事にすることを唱えました。自発的な生活と遊び中心の保育を提唱する中で，保育の計画の重要性も説き，誘導保育論を展開するなど，保育[25]内容を構造化した人でもあります。倉橋の「根の教育」に説かれる「渾一性」や「子どもから出発し，子どもを基本に置く」という保育観は，今日における保育の「全体性」や「子どもから」の視座を大切にする保育実践の根幹となっているともいえるでしょう。

2．幼稚園の大衆化

　1926（大正15）年，「幼稚園令」が発布されました。幼稚園令の施行規則では保育項目を遊戯・唱歌・観察・談話・手技等の5項目としましたが，最後に「等」という語を入れ，自由遊びや戸外保育などの多様な保育内容が展開されました。幼稚園令制定後は，和田実らの働きにより私立幼稚園が普及するなど，保育内容の規定がゆるやかになったことで自由な保育を尊重した幼稚園の「大衆化」への気運が高まったといえます。

　1937（昭和12）年には内閣総理大臣の諮問機関として教育審議会が発足し，小学校を国民学校に名称を改めるなど，戦時下の社会状況を背景に教育について議論されました。幼児教育に関しては，貧困層への幼児教育機関として，幼稚園と託児所を一元化する方向で議論が活発となり「簡易なる幼稚園」の構想がもち上がりましたが，具体案は示されないまま，幼稚園が全国民の幼児教育機関として認識されるという方向へ向かいます。

　1941（昭和16）年に「国民学校令」が公布されると，幼稚園でも国家意識の高い保育内容が主題に挙げられるようになります。やがて幼稚園を保育所（「戦時託児所」）へ転換する傾向が現れ出します。保育時間を延長したり，勤労家庭の幼児を優先的に受け入れたりと，教育よりも

り，その中で諸外国の翻訳書から保育理論を学ぶ姿勢から脱却すべく，わが国独自の幼児教育理論の基礎を説いている。

◆23　根の教育とは「第一には一切を内蔵していながら，未だ枝とか葉とか花とかに分かれてない渾一性の教育である。第二には，完成をはかるのではなくて，その基本，つまり，それから様々な人間性の発芽していく基本を養うことである。第三には，外部の形よりも内の実質の教育であり，形だけを整えたり，外観を気にするようなことがあってはならない」(前掲書（◆19），p. 32.) こと。

◆24　倉橋惣三『幼稚園真諦』フレーベル館, 1976年，p. 23.

◆25　誘導保育論とは，倉橋惣三が提唱する保育案で，「子どもの生活へ教育を持っていくという真諦のもと」，子どもの遊びや生活に何かしらのまとまりを与えるようなものであると説明している。子どもの年齢や発達の具合，季節や年中行事の具体的条件，子どもが置かれている環境の条件などをよりどころとして，幼児の生活が発展していき，それが中心となって主題が導かれたり，促されたりする，「主題の誘導力によって生活が次々に生み出されていく」ものであるとしている。(倉橋惣三『幼稚園真諦』2008年, pp. 76-81.)

◆26　文部省『幼稚園教育百年史』ひかりのくに, 1979年.

◆27　前掲書（◆26）。

幼児の保護を重視したのです。しかし，いよいよ戦局が苛烈になってくると，空襲を受けた地域ではその多くが自然閉鎖の形となりました。

3．保育要領（1948年）に見る「生活」「楽しい幼児の経験」

　第二次世界大戦後，アメリカ占領下の日本の教育制度は民主化へと向かい，改革が進められます。1945（昭和20）年には学校教育法が制定され，幼稚園は学校体系の中に位置づけられました。そのような中，1948（昭和23）年，「保育要領」が文部省により刊行されます。これは，明治期以来の保育実践や研究の集大成であるとともに，新しい幼児教育の方向性を示すものでもありました。[26]

　保育要領は「幼児教育の手引き」として，全7章および参考図から構成され，その保育内容は「楽しい幼児の経験」とサブタイトルをつけて，全12項目を挙げています。[27] これまでの保育要項（内容）との違いとして，次のようなものが挙げられます。まず，幼児の発達について示し，その生活全般を保育の内容としている点です。ごっこ遊びのような細かな生活を模した遊びや，年中行事などの一年を構成する活動を項目に立て，生活の中で全体的に経験する内容を保育に位置づけています。次に，保育の内容を「楽しい幼児の経験」であるとした点です。保育要領のまえがきにおいて，教育目標の「出発点となるのは子供の興味や要求であり，その通路となるのは子供の現実の生活である」と述べ，保育内容の各項目の説明に具体的な経験や活動を示しました。そして，幼児の自然の要求を重んじ，「一日の生活は自由遊びが主体となる」と述べ，幼児の自発的な意思に基づく自由遊びを大事にする特徴が見られました。

　しかし，幼児の「生活」を「教育」とすることにためらいや疑問を感じ，従来の内容を習慣的に営み続け，保育者中心で幼児に指導を行うような保育も依然として残っていました。また，小学校以上で盛んになっていた「コア・カリキュラム運動」の風潮が幼児教育にも影響して，保育要領が小学校のようなカリキュラムとしては不十分なものとして，改善が必要と考えられるようになります。

4．小学校教育との連続性・一貫性と6領域：幼稚園教育要領（1956年・1964年）

　アメリカの占領が終わると，戦後教育の見直しで系統学習や基礎学力が強調される中，保育要領も見直しが行われ，1956（昭和31）年に「幼

稚園教育要領」が刊行されました。

　これは，幼稚園教育の目標，幼稚園教育の内容，指導計画の作成とその運営の全3章から成り，教育の内容は健康，社会，自然，言語，音楽リズム，絵画製作の6領域で構成され，各領域に「幼児の発達上の特質」と到達目標としての「望ましい経験」を掲げています。保育要領との違いは，小学校との一貫性をもたせたこと，幼稚園教育における指導上の留意点を明らかにしたこと，領域ごとに発達上の特質を述べていること，そして，これまでの保育要領は，保育所や母親のためにも保育の参考書を目指すものになっていたのに対し，もっぱら幼稚園だけのものになったことが挙げられます。また，「幼児の具体的な生活経験は，ほとんど常に，これらいくつかの領域にまたがり，交錯して現れる」として，領域は計画を立てるための便宜的な区分だとして，「小学校以上の学校における教科とは，その性格を大いに異にする」ことを強調して述べています。ところが，保育現場では計画を立てる際に領域ごとに立案したり，指導が行われたりすることが多く見られたといいます。このころ，幼稚園の増加にともない小学校関係者が幼稚園の園長や主事になることがよくあったことから，小学校での教育要領の考え方を幼稚園の教育要領にもそのままもちこみ，領域が教科として解釈された可能性があります。

　この教育要領は「生活に即した総合的指導」と「幼稚園教育の独自性」を強調した改訂が行われ，1964（昭和39）年には国の教育基準として告示されました。これまで指導書として扱われていたものを教育課程として位置づけ，「望ましい経験」を，「ねらい（具体的な目標）」とし，抽象的な方向性を示すだけでなく能率的・効率的な指導ができるような留意事項を明示しました。改訂されても領域ごとに系統的な指導をする傾向が残り，いわゆる6領域主義として，後の改訂で批判されるようになっていきます。

5. 保育所保育指針（1965年）

　一方で保育所は，1947（昭和22）年の児童福祉法の制定により，児童福祉施設の一つとして法的に規定され，「保育に欠ける」児童が保育を受ける権利を得ました。保育所での保育内容は，文部省より刊行された「保育要領」が保育所や家庭も含めた内容であったことから，これを保育の指針としていました。

　1950（昭和25）年，厚生省児童局は「保育所運営の在り方について

基本的な指針を示す一試案」（はしがき）として「保育所運営要領」を刊行しました。その内容は，乳児における生活（睡眠，授乳，排泄，おむつ，入浴，日光浴，お遊び，玩具など）や一日のプログラムなどが示され，自由遊びが主だったものでした。

　1952（昭和27）年には保育所を含む児童福祉施設を対象にした「保育指針」が示され，1954（昭和29）年には『保育の理論と実際』が刊行され，そこでは乳幼児は保護され，愛護されて育つという子ども論が展開されています。

　1965（昭和40）年，前年の幼稚園教育要領の改訂にともない，「保育所保育指針」が厚生省児童家庭局長通知のもと策定されます。全11章で構成され，保育内容では1歳3か月未満，1歳3か月〜2歳，2歳児，3歳児，4歳児，5歳児，6歳児の各年齢の発達上の主な特徴，保育のねらい，望ましい主な活動，指導上の留意点などが示されました。保育所保育の基本は「養護と教育が一体となって，豊かな人間性を持った子供を育成するところ」（総則）にあるとして，その内容を，2歳までは生活と遊び，2歳児は健康，社会，遊び，3歳児は健康，社会，言語，遊び，4歳以上は幼稚園教育要領の6領域を取り入れたものとしています。また，指導の基本方針に「長時間保育」「入所児の指導」「家庭との関係」「問題行動のある子ども」「保育の評価・反省」などが細かく説明されており，当時の保育所保育の水準がうかがえます。

第3節　子どもの発達と生活経験を重視した保育内容

1．6領域から5領域へ

①幼稚園教育要領の改訂（1989年）

　保育内容が6領域であった時代は，小学校における教科との混同が見られ，保育方法においても小学校同様に，保育者の指導的傾向が強く見られました。

　1989（平成元）年の幼稚園教育要領の改訂の主旨は，幼児教育とは何かという基本的な問いに答え，幼児主体の教育・保育を推し進め，小学校教育との違いを明確にし，「環境を通して」保育を実践することを目指しています。保育内容は6領域から，健康，人間関係，環境，言葉，

表現の5領域に改訂され，それぞれの「ねらい」と「内容」に，子どもが生活の中で主体的に経験することの重要性が示されました。また，使われる文言も「○○ができるようになる」「△△が分かるようになる」という到達目標から，「○○に気づく」「興味関心を持つ」という目標の方向性へと転換されました。

　しかし，5領域は子どもの発達をとらえる窓口（視点）であって，それぞれの領域は相互に関連し，遊びを中心とした活動によって総合的に展開されるということは示されましたが，そのために必要な環境や保育者の援助については具体的に示されませんでした。保育現場では，子どもの主体性を重視し，子どもの活動を見守る保育者像がモデルとされていきましたが，「見守る」といっても保育者が具体的には何をするべきかがわからず戸惑い，放任的な保育との狭間で曖昧になったり，従来の保育に戻ってしまったりなど，混乱が生じたケースが少なくありませんでした。

　子どもの内面や遊びの状況を理解して子どもが主体的に遊べるように環境を柔軟に用意するといった保育は，経験の少ない保育者には難しい傾向があります。しかし，1989年の改訂で，これまで長きにわたり見直されてこなかった保育者主導の保育にメスが入ったことには，大きな意義がありました。子ども一人ひとりの発達と幼児理解に基づいた，幼児期にふさわしい生活を送ることや，そのために遊び中心の活動が主になることなど，保育においての「子どもの主体性」の重要さをこの改革で強調できたことは，その後の教育要領の変遷を見ても，非常に大きなポイントであったといえるでしょう。

②保育所保育指針の改訂（1990年）

　1990（平成2）年改訂の保育所保育指針は，前保育指針と構成はほぼ一緒ですが，保育所保育の目的と解釈において大きな改正点が見られます。1つ目は，総則の中で，保育所保育は「家庭養育の補完」であるとしたことです。保育所保育は家庭養育の代替ではなく「補完」であって，あくまでも家庭での養育が子どもの育ちの核になることを示しています。2つ目は，「人権」という言葉を導入したことです。1989年に国連が子どもの権利条約[28]を採択した動きをふまえて，乳幼児の人権尊重や幼児期からの人権感覚の育成を示したものとうかがえます。3つ目には，大人と子どもの愛着や信頼関係による養護と教育を行うとの発達論を展開しており，大人によるケアの重要性についても強調しています。

◆28　子どもの権利条約については，本書第1章を参照。

　また，乳児保育の充実を図るために6か月未満児を保育内容に位置づけたことも改正の特徴に挙げられます。その保育内容は発達の特徴，ねらい，内容，配慮事項，3歳以上では基礎的事項を加えて構成され，幼稚園教育要領の改訂に合わせた領域項目になっています。

2．子ども一人ひとりの生活経験への着目

①幼稚園教育要領の改訂（1998年）

　少子高齢化や情報化にともなう子どもの生活体験の不足が問題視され，「ゆとりの中で『生きる力』を育む」をキーワードに，1998（平成10）年に幼稚園教育要領が改訂されました。その際，遊びを通して，一人ひとりの子どもに応じた総合的指導を行うことが明示されました。この遊びを中心とした生活を通して，豊かな生活経験を得ることで「生きる力」の基礎を培うものとしたのです。また，1989年の改訂の際の混乱を改善すべく，「環境を通して行う」ことを再確認しつつも，子ども理解をふまえた保育者の計画的な環境および環境構成が必要であると強調されました。

　各領域には，「〜する力」のような文言が見られ，遊びの中から知的発達を促すというような表現で，小学校教育への一貫した流れを強調していることがうかがえます。また，幼稚園が子育て支援のために施設や機能を開放し，教育相談などに応じることで地域の幼児教育センターとしての役割を担うことも求めています。

②保育所保育指針の改訂（1999年）

　保育所保育指針では，核家族化の進行や地域のつながりが薄れてきたことにともない，地域の教育力の衰退を危惧して，地域子育て支援の役割が明記されました。そこでは，延長保育や夜間保育，障害児保育など保育所としての機能を拡充させるよう求めています。また，虐待に関する兆候の発見や対応についても記載されました。

　もう一つ重要な点は，職員研修の項目が設けられたことです。保育所では職員の勤務時間はほぼ保育時間にあてられ，研修のための時間をとることが困難でした。一方で，保育所の担う役割は拡大するとともに，「保育士の姿勢と関わりの視点」が加えられたことで，子ども理解や保育の質について研修の中で考え学ぶなど，保育者自身も勉強しながら知識を得ていく必要性が求められたのです。

3. 子どもの生活への危機感と生きる力

「教育基本法」（2006年）と「学校教育法」（2007年）の改正を受けて，2008（平成20）年に幼稚園教育要領が改訂，同年に保育所保育指針も改定されました。

保育内容は5領域そのままであり，ねらい・内容についても，大きな変化は見られませんが，幼児期の教育が生涯にわたる人格形成の基礎を培う役割があることが示されました。

①幼稚園教育要領の改訂（2008年）

教育基本法の改正の中で，幼稚園は「義務教育及びその後の教育を培うもの」と規定されました。これは，幼稚園教育要領の中でも強調されています。

改訂された要領には，人との関わりの中で，自ら行動する力，自己を調整する力などの育成や，食育に関する内容が付け加えられています。これは，家庭やいわゆる近所の子どもたちのつながりの中で自然と育つことが期待されてきたものが，社会状況や家庭環境の変化から困難になり，幼児教育や保育の場に求められる現状があると考えられます。そうした中で，「幼児期にふさわしい生活を通して，創造的な思考や主体的な生活態度などの基礎を培う」ことが強調されたのです。また，幼稚園でも保育の時間外でのいわゆる預かり保育が盛んに行われていることをふまえ，預かり保育に関しても計画性をもたせることを求めています。

②保育所保育指針の改定（2008年）

一方で，同年に改定された保育所保育指針も，厚生省児童家庭局長による「通知」から厚生労働大臣の「告示」として公示されるなど，法的な基準として明確になりました。また，内容を大綱化して必要最低限の保育の枠組みを示し，保育所保育の機能と質の向上を求めています。そして，保育の内容がわかりやすい文章になり，さらに「解説書」がはじめて刊行されました。

保育指針の総則の中では，保育所の役割が明記されました。保育所は保育に欠ける子どもを保育する児童福祉施設であり，「ふさわしい生活の場」であることや，保育の専門性をもった保育士が環境を通して養護および教育を行うことを特性としていること，そして，保護者に対する支援をすることなどを示して，保育士の役割や業務，責任についても定

めています。

　また，安全や健康を守るための体制づくりや，幼稚園教育要領と同じく「食育」の推進についても明記されました。保育課程の作成と計画的な取り組み，保育士と保育所による自己評価などの取り組みも求められました。

　保育所も幼稚園と同じように教育の基礎を担う就学前施設として，小学校との連携を視野に入れ，その役割を意識し保育所保育指針の内容は幼稚園教育要領との整合性を図っています。

子どもの権利条約と新しい時代の保育・保育内容

1．すべての子どもへの質の高い教育・保育の保障：2017年の同時改訂（改定）

　認定こども園法の改正によって，幼保連携型認定こども園が創設され，2014（平成26）年に幼保連携型認定こども園教育・保育要領が告示されました。2017（平成29）年には，幼稚園教育要領，保育所保育指針，幼保連携型認定こども園教育・保育要領が同時に改訂（改定）され，保育内容の整合性が図られています。

　社会のグローバル化や多様化，少子高齢化，核家族化など子どもを取り巻く環境が著しく変化する中で，保育には，養護の視点と教育の視点の両方が不可欠であり，養護と教育が一体的に行われることが明示されました。

　保育所保育指針および幼保連携型認定こども園教育・保育要領の改訂（改定）では0，1，2歳の保育の充実を図ることが目指されています。このことは，待機児童問題の対策として0〜2歳の保育が量的に拡充されたという理由のみではありません。子どもは，誕生時より能動的に環境に働きかける能力をもっているため，この時期に乳幼児期の特徴をふまえ，保育の充実を図る必要があるととらえられているからです。誕生時から子どもは「有能である」という子ども観と結びついているといえます。

　幼稚園，保育所，認定こども園は共に，幼児教育を担う機関であること，またどのような施設・地域・環境・状況にあっても，すべての子どもに質の高い教育・保育を保障することが示されました。

　幼稚園・保育所・認定こども園はそれぞれが，子どもの最善の利益を考慮し，子どもの生活や遊びの経験を保障し，家庭との積極的な連携のもとに，その社会的役割を果たすことが求められています。家庭がもつ養育力・教育力が弱まっている場合には，園が子育て支援を行い，保護者の気持ちを受け止め，その自己決定を尊重しつつ，本来もっている力を引き出せるよう働きかけることが明示されています。

　子どもたちは，遊びを核とした保育内容を経験し，主体的に環境に働きかけ，「知識及び技能の基礎」「思考力，判断力，表現力等の基礎」「学びに向かう力，人間性等」を育みます。

　この育みたい資質・能力は，幼稚園，保育所，認定こども園，小学校，中学校，高等学校や特別支援学校などにおいて，生涯発達の視点をもって，共通の教育の方向性として示され，乳幼児期の教育・保育と小学校以降の学びの接続や連続性が重要であると考えられています。しかし一方で，保育の実践においては，乳幼児期と小学校以降では教育の方法が異なることも記載されています。各要領・指針の解説には，「小学校以降の教育は，各教科等の目標や内容を，資質・能力の観点から整理して示し，各教科等の指導のねらいを明確にしながら教育活動の充実を図っている」が，「（乳）幼児期は諸能力が個別に発達していくのではなく，相互に関連し合い，総合的に発達していく[29]」と書かれており，保育内容の実践においては，保育の内容を個別に取り出して指導するのではなく，特に遊びを通した総合的な指導の中で一体感をもって育むことが示されています。

　子どもは，遊びを中心とした生活の中で，好奇心や必要感をもって経験を積み重ね，小学校入学前には，「幼児期の終わりまでに育ってほしい姿」に示された具体的な姿が見られます。ただし，この姿とは「育ってほしい姿」であり，子ども一人ひとりによって現れる姿は，必ずしも同一ではないことも示されています。保育者には，園生活を通して育った子どもの姿を前にして，自身の保育の方法や指導のあり方を振り返り，評価し，さらによりよい保育を目指して改善につなげることが求められます。

　なお，各要領・指針における保育内容の変遷について表5-1～5-3，2017年改訂（改定）の要領・指針の構成と保育内容の共通化について表5-4に簡単にまとめたので，あわせて参照してください。

◆29　厚生労働省「保育所保育指針解説」2018年.

（2024年7月1日閲覧）

文部科学省「幼稚園教育要領解説」2018年.

（2021年12月21日閲覧）

内閣府ほか「幼保連携型認定こども園教育・保育要領解説」2018年.

（2024年7月1日閲覧）

表 5 - 1　幼稚園教育要領における保育内容の変遷

年	名　　称	保育内容
1899	幼稚園保育及設備規程	遊嬉／唱歌／談話／手技
1926	幼稚園令	遊戯／唱歌／観察／談話／手技等
1948	保育要領	見学／リズム／休息／自由遊び／音楽／お話／絵画／製作／自然観察／ごっこ遊び・劇遊び・人形芝居／健康保育／年中行事
1956	幼稚園教育要領	健康／社会／自然／言語／音楽リズム／絵画製作
1964	幼稚園教育要領	健康／社会／自然／言語／音楽リズム／絵画製作
1989	幼稚園教育要領	健康／人間関係／環境／言葉／表現
1998	幼稚園教育要領	健康／人間関係／環境／言葉／表現
2008	幼稚園教育要領	健康／人間関係／環境／言葉／表現
2017	幼稚園教育要領	健康／人間関係／環境／言葉／表現

表 5 - 2　保育所保育指針における保育内容の変遷

年	年齢（発達）区分	保育内容
1965	1 歳 3 か月未満	生活／遊び
	1 歳 3 か月から 2 歳まで	
	2 歳	健康／社会／遊び
	3 歳	健康／社会／言語／遊び
	4 歳	健康／社会／自然／言語／音楽／造形
	5 歳	
	6 歳	
1990 1999	6 か月未満児	―
	6 か月から 1 歳 3 か月未満児	
	1 歳 3 か月から 2 歳未満児	
	2 歳児	健康／人間関係／環境／言葉／表現
	3 歳児	
	4 歳児	
	5 歳児	
	6 歳児	
2008	おおむね 6 か月未満	○養護に関わるねらい及び内容　・生命の保持　・情緒の安定　○教育に関わるねらい及び内容　健康／人間関係／環境／言葉／表現
	おおむね 6 か月から 1 歳 3 か月未満	
	おおむね 1 歳 3 か月から 2 歳未満	
	おおむね 2 歳	
	おおむね 3 歳	
	おおむね 4 歳	
	おおむね 5 歳	
	おおむね 6 歳	
2017	乳児保育	健やかに伸び伸びと育つ／身近な人と気持ちが通じ合う／身近なものと関わり感性が育つ
	1 歳以上 3 歳未満児	健康／人間関係／環境／言葉／表現
	3 歳以上児	健康／人間関係／環境／言葉／表現

注：1990 年以降の保育内容には基礎的事項（2017 年は基本的事項）が記載されている。

表 5 - 3　幼保連携型認定こども園教育・保育要領における保育内容の変遷

年	年齢（発達）区分	保育内容
2014	―	健康／人間関係／環境／言葉／表現
2017	乳児期	健やかに伸び伸びと育つ／身近な人と気持ちが通じ合う／身近なものと関わり感性が育つ
	満 1 歳以上満 3 歳未満	健康／人間関係／環境／言葉／表現
	満 3 歳以上	健康／人間関係／環境／言葉／表現

注：2017 年の保育内容には基本的事項が記載されている。

表 5 - 4　各要領・指針（2017 年）の構成と保育内容の共通化

幼稚園教育要領	保育所保育指針	幼保連携型認定こども園教育・保育要領
第 1 章：総則 第 2 章：ねらい及び内容 第 3 章：教育課程に係る教育時間の終了後等に行う教育活動などの留意事項	第 1 章：総則 第 2 章：保育の内容 第 3 章：健康及び安全 第 4 章：子育て支援 第 5 章：職員の資質向上	第 1 章：総則 第 2 章：ねらい及び内容並びに配慮事項 第 3 章：健康及び安全 第 4 章：子育ての支援

2．新しい時代の保育・保育内容：子どもの権利に基づいた保育実践

　保育内容の変遷を振り返ると，子どもを取り巻く社会の変化の中で，子どもの経験として必要であり保障すべきことを，保育内容として反映させてきた歴史があります。さらに，子どもは能動的に環境に関わる存在であり，「教えられる存在から自ら学ぶ存在である」という子ども観の転換のもとで，子ども一人ひとりにふさわしい保育および保育内容へと変化しています。また就学前の子どもの発達や学びの方法の特徴をふまえて，遊びを中心とした「総合的な学び」が重要であるととらえられています。

　保育内容は，実践のとらえ方と深く結びついています。保育内容が，子どもの経験として蓄えられていくには，保育者による保育の方法や援助が重要であり，子どもの興味・関心に沿って，「何の活動をするか」だけではなく，「どのように活動するか」が問われます。子どもが自由感を感じながら主体的に活動を選択し，伸び伸びと自ら育とうとする力が引き出される「場」を保障することも必要です。保育内容には，保育の時間，空間，そしてそこに関わる人との関係性が影響しているのです。

　子ども一人ひとりを尊重し，遊びを核とした子どもの生活経験を重視する近年の保育内容は，子どもの権利条約に示された「子どもの権利」の内容と重なるものです。そして，子どもの権利を保障する保育の理念が，保育内容に組みこまれるとともに，子どもにとってふさわしい経験

◆30　子どもの権利については，本書第 1 章を参照。

として蓄えられ，その経験を生かして子ども自らが幸福な人生を切り拓いていけるように，それぞれの園で保育実践の具体的な方法を探究していくことが課題であるといえます。子どもが「何を経験するか」から「どのように経験するか」が，保育の新しい課題として問われています。

 ## さらに学びたい人のために

泉千勢（編著）『なぜ世界の幼児教育・保育を学ぶのか──子どもの豊かな育ちを保障するために』ミネルヴァ書房，2017 年.

　近年の世界の保育改革の動きをまとめ，子どもの権利を土台にする質の高い保育・保育内容について紹介しています。世界の保育と比較することで，日本の保育・保育内容との共通点や相違点を発見できる本です。

宍戸健夫『日本における保育カリキュラム──歴史と課題』新読書社，2017 年.

　子どもの生活に根差した保育カリキュラムとは何かを探究し，日本における保育カリキュラムの誕生とその内容について歴史的変遷をとらえた本です。現在の日本の保育におけるカリキュラムのあり方そのものを問い直すきっかけや視点を与えてくれます。

 ## 演習課題

M 保育内容の変遷を学び，どういう視点が重視されるようになってきたのか，自身が理解したことをまとめよう。

V 社会的背景の保育内容への影響，そして小学校教育と保育内容の関係についてさらに調べ，理解を深めよう。

P 保育者として，今，子どもが幸福に生きるために大切にしたい保育内容について話し合おう。

第6章

乳児期（0，1，2歳児）の特性と保育内容
総合的なとらえ方

Mission　0歳児の3つの視点と1，2歳児の5領域のつながり，そして保育内容のポイントについて知る。

Vision　子どもの発達に応じた遊びを豊かにする保育環境（部屋，玩具，園庭等の物的環境など）と保育者の関わりについて学ぶ。

Passion　乳児期の子どもに関わる保育者として必要な資質・能力とは何かを考え，保育者として大切にしたい・身につけたいことを考える。

・・・・・・・・・・・・・・・・・

第1節　0，1，2歳児を取り巻く環境

1．少子化の進行と保育所等の利用率

　少子化が問題視されて久しくなりますが，この問題が顕著になったのは，1989（平成元）年に合計特殊出生率が1.57になったことが定説とされています。その20数年前の1966（昭和42）年，合計特殊出生率が1.58となりましたが，この年は丙午で意図的に子どもを生むことを控えた家庭が多かったのです。1989年は，こうした迷信の影響で出産を控えることや天災等はありませんでした。1975年以降の自然減により，1.57となったのです。この出来事を「1.57ショック」と呼び，このころより，少子化の危機がより一層叫ばれるようになりました。

　政府は，子育て家庭への支援を含めて，さまざまな政策（エンゼルプラン等）を打ち立ててきました。一例は，保育所の0，1，2歳児の定員枠を増やしたことです。図6-1が示すように，1，2歳児の利用率は2000（平成12）年に20％を割っていましたが，2012（平成24）年には33％，2019年には48.1％まで上昇しました。なお，2020（令和2）年に

◆1　合計特殊出生率
15～49歳までの女性の年齢別出生率を合計したもの。一人の女性が生涯に生むことが見こまれる子どもの数を示す指標。

◆2　丙午
干支の一つ。江戸時代に「丙午生まれの女性は気性が激しく夫を不幸にする」という迷信が生まれ，昭和時代にもなお強い影響を及ぼした。

◆3　エンゼルプラン
厚生省（現・厚生労働省）が少子化対策として1995年に策定した．「子育て支援のための総合計画」の通称。

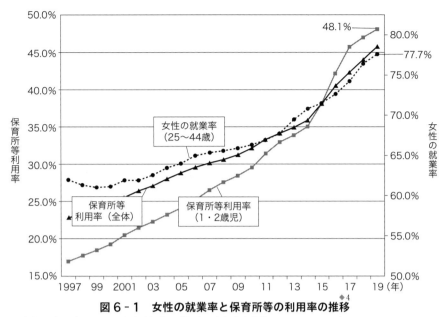

図6‑1　女性の就業率と保育所等の利用率の推移

出典：厚生労働省子ども家庭局保育課「保育を取り巻く状況について」2021年，p. 12.

◆4　出典資料の全体は
下記。
厚生労働省子ども家庭局
保育課「保育を取り巻く
状況について」2021年.

は50.4％となり，20年間で，1，2歳児の半数が保育園や認定こども園に在籍する状況となったのです。

　また，2003（平成15）年に児童福祉法が改正され，0，1，2歳児の保育への期待が社会的に高まり重要視されることとなりました。あわせて保育士資格が国家資格になり，保育士への期待も高まっていることが明確に示されました。

2．養護と教育の一体化：0歳児からの教育とは

　0，1，2歳児の保育は，生命の保持と情緒の安定の保障である養護が強調されますが，重要なのは養護だけではありません。教育側面，すなわち，保育者と保護者が「子どもにこうなってほしい」という願いをもちつつ，子どものなりたい思いを，関わりを通して保障することが大切なのです。

　保育所保育指針と幼保連携型認定こども園教育・保育要領では，保育に関わるねらい及び内容にて，0歳児の構成は養護の側面を重要視しつつ，教育に関する内容についても，生活と遊びを充実させることで身体的，社会的，精神的発達の基盤を培うために「健やかに伸び伸びと育つ」「身近な人と気持ちが通じ合う」「身近なものと関わり感性が育つ」という3つの視点からとらえるように示しています。こうした3つの視点を

総合的に育めるように，保育者は，0歳児が自分から身のまわりと関わりたくなるような環境を構成すると同時に，0歳児の興味・関心に応え，経験を豊かにすることが欠かせないでしょう。このように総合的にとらえることが，のちの5領域の保育内容につながるのです。

　発達の連続性を意識しながら，1，2歳児の著しく発達する側面から再構成したものが，1，2歳児の保育に関わるねらい及び内容の，心身の健康に関する領域「健康」，人との関わりに関する領域「人間関係」，身近な環境との関わりに関する領域「環境」，言葉の獲得に関する領域「言葉」，感性と表現に関する領域「表現」の5領域です。これらは，3歳以上児の保育に関する5領域の育ちにつながっています。1，2歳児は3歳以上児と同じ5領域なので，注意深く読み解かないと違いを見落とし混乱してしまうので気をつけたいところです。1，2歳児の発達の特徴である自分でやってみたい気持ちを大切にすることや，遊びや生活を通して，モノと関わりながらモノの性質や特性に気づいたり，人と関わりながら自他の区別や自分が帰属する場に気づいたりする過程である視点を軸に示されています。幼児期の生活・遊びにつながることを見すえつつ，1，2歳児の独自性を大切に，養護と教育の一体化である保育を展開したいものです。

第2節　0，1，2歳児の保育の特徴と大切にしたいこと

1．すべてがはじめてのヒト・モノ・コトとの出会い

　0，1，2歳児の発達の特性について，アメリカの心理学者エリクソン（Erikson, E. H.）の「心理社会的発達理論（psychosocial development）」から見てみましょう。彼は人生を8つの段階で表し，0，1，2歳児にあたる「乳児期（infancy：生後〜1歳半）」「幼児前期（early childhood：18か月〜3歳）」ごろの発達課題として，基本的信頼感や自我の芽生えを挙げました。養育者である親や保育者の愛情深く丁寧な関わりを受け，十分に欲求を満たされた赤ちゃんは，「きっと誰かに助けてもらえる」と信じる「希望（hope）」をもち，応答的関係により基本的信頼感を身につけます。それは，やがて自己肯定感につながると説いたのです。その後，何でも自分でしたいという挑戦欲求が芽生え，さまざ

なことへチャレンジしていきます。生活や遊びの中でチャレンジする機会をもち，乗り越えていくことで，自信や自律性を身につけます。しかし，この時期に親や保育者が手を出しすぎて子どもの挑戦する機会を奪ったり，挑戦して失敗したことを怒ったり非難したり，無関心であると，子どもは不信感や恥・疑惑をもつこととなり，自律性が育つのが難しくなるのです。

　また，子どもが有している権利の観点からも，0，1，2歳児は一人の人間としての主体性が尊重されることが欠かせません。子どもが自ら主体的に起こした行為に対して，まわりの大人からの愛情深い丁寧な関わりを受け，自己の存在を有益なものとしてとらえていく土台を育んでいくのです。

　子どもは乳児期から主体性を有し，能動的に物事に関わろうとしているのです。その際，身のまわりからの応答的な関わりや刺激を受けることから，新たなチャレンジへと向かいます。その過程の中で，新たな技能や能力を育み，それらを駆使して挑戦し続けていきます。

　ですから，はじめてのヒト，モノやコトとの出会いは魅力的な出会いであってほしいものです。「何だろう？」と感じさせる存在感や「どうなっているのだろう？」と思わせる不思議さがあり，「やってみたい」と思わせるような魅力的な環境であればあるほど，子どもは継続して関わろうとします。

　しかし，とくに歩行前の0歳児にとっては見える世界は限りがあります。1，2歳児は自分で移動するようになり，生活世界が広がりますが，幼児期に比べると限りがあることでしょう。そこでヒトの出番なのです。0，1，2歳児のモノ・コトとの出会いの場をいかに整えるかが大切であり，エリクソンが述べたように，基本的信頼感や自我の芽生えの時期の子どもへの大人の関わり方が，子どもの育ちに影響を及ぼすのです。

　また，子どもどうしというヒトとの出会いは新たな価値観やコミュニケーションスキルを獲得するためにも欠かせません。対等な関係性の中で，自我がぶつかり合うこと，楽しさや喜びを共感することなど，相互に刺激し合うことから自分を知り，相手を知ることになります。当然子どもどうしでは解決できないことも起こりますから，身近な大人が見守ることや，言葉にならない感情を代弁して丁寧に関わることが求められます。「ごめんなさい」や「ありがとう」を強要するのではなく，子どもどうしの言葉によるやりとりへと導いていき，人間関係の土台を築いていきたいものです。

2.　保育における「養護」のとらえ方

　人の子どもは未熟で無防備な状態で生まれます。馬や牛といった動物の出産シーンをテレビなどで見たことはありますか。多くの動物は，生まれ落ちた瞬間から自分の命を自分で守るために必要な力をすでにもち合わせています。生まれたその日のうちに，自分で立ちミルクを飲みにいきます。しかし，人間は歩きはじめるまでおおよそ1年かかるなど，ゆっくりとした成長であることをまず，心に留めておきたいものです。

　また，食事（箸やスプーンを扱うこと），排泄といった保健衛生面等でも，人は自立までに多くの時間を要します。その成長は他者の助け無くして成立しないことは自明です。身を守るすべを知らず，危険を察知できても回避できないため，まわりの大人の見守りや援助，落ち着いた環境が必要となるのです。

　こうして身のまわりの人との親密な関係を通して，自尊感情の基盤を育んでいくのです。

　お世話をしてもらうことは，受け身のイメージを抱きやすいかもしれませんが，決してそうではありません。子どもは生まれたときから感情を有しており，表現しています。時には大人に理解できないあり方で感情を表しますが，それらも含めて子どもの主体性として受け止めて，丁寧に関わることが大切です。そのことで安心感を得るので，自身以外の外界に対してさらなる関わりをもとうとするのです。そして次第に身近な大人のまねをするようになり，さまざまなスキルや情動を身につけていきます。

　大人の思いばかり押しつけるのではなく，いかに子ども一人ひとりの育ちに寄り添えるか。それは「丁寧に子どもを見る」「子どもの表現に意味がある，ととらえて喜んで応答する」ことができるかどうかにかかっています。これこそが「養護」の真髄でありましょう。

　こうした関わりを丁寧に行うためには，子どもに対する大人の思いがどのようなものであるのかにかかってきます。ここで，保育者のあり方について考えてみましょう。まず，乳児期の子どもの育ちを願う，子どもを取り巻く一人の大人として，さらに専門家として，深い愛情と使命感をもって関わることが求められるのです。子どもはただかわいいだけの愛玩の対象ではありませんし，ニコニコ笑っているだけでもありません。排泄の処理や人見知りの時期には保育者を拒絶することもあります。だっこしている子どもが母親を恋しがって泣き続けたら，あなたはどう

感じるでしょうか？　そこには，単に「子どもが好きだから」という思いだけでは乗り越えられない壁が存在します。その向こう側へと乗り超えることを保育者の成長として歩んでいきたいものです。シルヴァスタイン（Silverstein, S.）の絵本『おおきな木（The Giving Tree）』[5]に登場する木のような，大きくて深い，与え続ける愛〈アガペー〉が原動力となり，子どもの育ちを支える使命感が今後の保育者としてのあなたの育ちに大きく関わってきます。

　保育は，英語でチャイルドケア（childcare）と表されますが，0，1，2歳の子どもはただお世話〈ケア〉されるだけの存在ではありません。多くの保育者が経験することですが，子どもをケアすることを通して保育者自身がケアされていきます。そういった相互に応答性のある関係であることに留意しましょう。

　こうして0，1，2歳児の間に人間の成長の土台となる心身が守られ，親や保育者をはじめとする養育者から愛情と丁寧で深い関わりを受け，さまざまなモノ・コトに関わることによって，基本的信頼感や自律性を育み，連続性をもって3，4，5歳児の育ちへとつながっていくのです。

第3節　0，1，2歳児の保育内容

1．3つの視点と5領域

　先にも述べたように，0歳の保育内容は身体的発達に関する視点「健やかに伸び伸びと育つ」，社会的発達に関する視点「身近な人と気持ちが通じ合う」，精神的発達に関する視点「身近なものと関わり感性が育つ」という3つの視点から整理されています。1，2歳児の保育内容は3歳以上児と同様に「健康」「人間関係」「環境」「言葉」「表現」の5領域から整理されています。この3つの視点と5領域の関係について見てみると，身体的発達に関する視点は領域「健康」に，そして，社会的発達に関する視点は領域「人間関係」と「言葉」に，さらに精神的発達に関する視点は領域「環境」と「表現」と内容的に重なっていくことになります。つまり，乳児期の3つの視点は5領域の基礎になっているのです。[6]

　ここでは，保育所保育指針の領域「環境」を例に，0，1，2歳児の保育内容について，3歳以上の保育内容と対比しながら整理していきま

◆5　日本では本田錦一郎訳の1976年版（篠崎書林）と，村上春樹訳の2010年版（あすなろ書房）が刊行されている。

◆6　5領域と3つの視点の関係については，下記資料を参照。
「0歳児の保育内容の記載のイメージ」

なお，同図は保育所保育指針改定の議論のとりまとめ資料にも掲載されている。
厚生労働省「保育所保育指針の改定に関する議論のとりまとめ」2016年，p. 18.

しょう。

2．ヒト・モノ・コトとの応答的で深い関わり

　繰り返しになりますが，乳児保育の３つの視点の中の精神的発達に関する視点，すなわち「身近なものと関わり感性が育つ」という視点が，保育内容５領域の１つである身近な環境との関わりに関する領域「環境」と重なってきます。

　領域「環境」（３歳以上児）においては「周囲の様々な環境に好奇心や探究心をもって関わり，それらを生活に取り入れていこうとする力を養う」ことが目指されていますが，乳児保育の３つの視点の「身近なものと関わり感性が育つ」では「身近な環境に興味や好奇心をもって関わり，感じたことや考えたことを表現する力の基盤を培う」ことが目指されています。０歳児の間にたっぷりと興味や好奇心をもって身近な環境と関わることが，探究心へとつながり（１，２歳児），さらに保育の生活に取り入れていこうとする力（３歳以上児）となるわけです。

　また「ねらい」の②は，乳児では「見る，触れる，探索するなど，身近な環境に自分から関わろうとする」というように身のまわりの探索に重点を置いているところから，１，２歳児では「様々なものに関わる中で，発見を楽しんだり，考えたりしようとする」というように発見したり考えたりするようになり，３歳以上児では「身近な環境に自分から関わり，発見を楽しんだり，考えたりし，それを生活に取り入れようとする」というように，より積極的に関わり，生活に取り入れようとするところまで深まってきます。

　言い換えれば，０歳児は身近なヒト・モノ・コトとの応答性のある関係の中で，関わりたいと思う心情を育みます。乳児の段階からヒト・モノ・コトと十分に関わることで心情・意欲も高まり，感じたことや考えたことを表現する力の基盤を培うことができるのです。

　１，２歳児では応答的な関わりの中で行動範囲が広がり，身近なものに関心をもち，繰り返し関わることができる環境が重要になってきます。

　そして，３歳以上児の場合は，応答的な関わりから，主体的に関わることを基盤として，心情・意欲・態度を育み，生きる力の基礎を培うようになってきます。

　また「内容」に関して，０歳児では「生活や遊びの中で様々なものに触れ，音，形，色，手触りなどに気付き，感覚の働きを豊かにする」と

あり，それが1, 2歳児で「身の回りの物に触れる中で，形，色，大きさ，量などの物の性質や仕組みに気付く」というような仕組みの気づきにつながり，3歳以上で「生活の中で，様々な物に触れ，その性質や仕組みに興味や関心をもつ」，さらに「身近な物や遊具に興味をもって関わり，自分なりに比べたり，関連付けたりしながら考えたり，試したりして工夫して遊ぶ」というように試行錯誤を意識的に行うようになります。

　すなわち，0歳児は手を伸ばして自分で関わりたくなるような環境の中で，保育者と共に，じっくりと関わる経験を豊かにすることが大切です。それが土台となり，1, 2歳ごろには，自分でやってみたい気持ちが高まり，モノの性質や特性，自他の区別，所有・所属についてモノと関わりながら気づくようになります。そして3歳児以降になってくると，さまざまなモノ・コトに挑戦し，自然との関わりの中で遊びこむような姿が多く見られるようになってきます。

　0歳児で大切なことを一言で表すと，「十分な探索活動を保障し応答的に関わる」ということになります。1, 2歳児では，「思わず手を伸ばしたくなるような場があり，しっかりと遊びこめること，そして丁寧に繰り返すこと」が大切になってきます。

　そのため，保育者には，子ども一人ひとりの状況や発達過程をふまえて，計画的に保育の環境を整えたり構成したりしていくことが求められるのです。保育においては，子ども自身の興味や関心が触発され，好奇心をもって自ら関わりたくなるような，子どもにとって魅力ある環境を保育者が構成することが重要になります。その際，園における自然環境や空間などを生かしながら，多様で豊かな環境を構成し，子どもの経験が偏らないよう配慮することも求められます。

　「環境」である，ヒト（親・友達・保育者），モノ，コト（自然，社会事象）それぞれとの出会い方が子どもの未来をつくっていきます。適切な時期に，適切な遊びが，適切な大人の関わりの中で行われて育まれることによってそれが実現していきます。適切な時期に，適切な遊びをし，適切な大人の関わりがあること。そうした環境が資質・能力の土台をつくり，育んでいくことを忘れないでおきたいものです。

乳児期の生活と遊びの実際

　乳児期は，体や言葉をはじめ，人生で最も変化が著しい生後3年間です。そのことを心に留めて，子どもの生活と遊びに学び，また保育者としての関わりについて学びます。

1．0歳児の生活と遊び

　生活や遊びのあらゆる場面で大人の援助が必要な時期ですが，以下の事例から，子ども自身の主体性について理解したうえで，保育者としての関わりについて考えてみましょう。

Aちゃんと起き上がりこぼし

　生後5か月のAちゃんが仰向けになって寝転がって遊んでいました。両手を左右に広げたそのとき，手が何かに当たり「カランコロン」と音がしました。音のするほうにAちゃんが顔を向けると，ゆれる起き上がりこぼしが見えました。Aちゃんが再び両手を左右に広げると，手が起き上がりこぼしに当たり，「カランコロン」とまた音がしました。Aちゃんはしばらく両手を左右に広げては起き上がりこぼしをゆらして「カランコロン」と音を鳴らして遊びました。Aちゃんはこの繰り返しの中で，起き上がりこぼしに手を当ててゆらすと「カランコロン」と心地よい音が鳴ることを発見しました。

　また別の日，Aちゃんが寝転がっているななめ上で保育者が起き上がりこぼしをゆらして音を鳴らしました。Aちゃんは起き上がりこぼしの見える位置に向きを変え，さわろうとしますが手が届きません。そのうち「アウアウ」と言いはじめると，保育者は「カランコロンさわってみたいの」「カランコロンこっちに来てほしいのね」と言いながらAちゃんの手の届くところまで起き上がりこぼしを引き寄せました。そして，Aちゃんが自分の手でゆらすことができると「カランコロン」と音が鳴りました。保育者を見た表情は，満足そうなほほえみでした。この後，Aちゃんは，寝返りができるようになり，遠くにある起き上がりこぼしのところまで腹ばいをしながら，自分の力で近づき音を鳴らして遊ぶようになります。

　Aちゃんと起き上がりこぼしとの関係，そして，保育者との関係は，0歳児の発達の3つの視点が相互に関連し合っていることを物語っています。両手を左右に広げる，ゆらす，向きを変える，手を伸ばす，寝返りする，腹ばいするといった「身体的発達に関する視点」，やってみよ

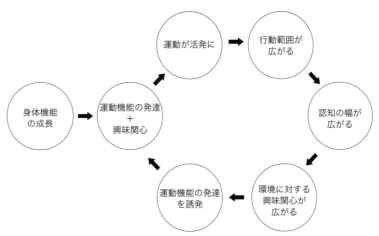

図6-2　乳児の発達における相互関連

うとする，繰り返す，心地よい，微笑むといった「精神的発達に関する視点」，そして，保育者との関わりである「社会的発達に関する視点」を見ることができます。図6-2は，その関係性を表しています。Aちゃんの主体性は，環境（ヒト：保育者，モノ：起き上がりこぼし，コト：おきあがりこぼしの遊び）との関係性により育まれることがわかることでしょう。

　ここでは一例でしたが，排泄や食事，睡眠等の生活場面や，室内外での遊びをじっくり見て，丁寧に関わり，0歳児の主体性に応答する保育を展開していきたいものです。

2.　1歳児の生活と遊び

　1歳児の発達の特徴は，一言で表すと「自分でやりたい」期といえるでしょう。衣服の着脱，食事，排泄と生活に関して，「やりたい」気持ちが旺盛です。しかしながら，思うようにいかず，イライラしたりぐずったりすることもあります。こうした姿を見たら，成長しているととらえて，温かく見守りつつ関わりたいものです。

　遊びに関しても，大人との関わりよりも「自分で遊びたい」と，一人遊びが増えていきます。自分からモノに向き合い，集中して遊んでいるときはその遊びを邪魔しないような配慮が必要です。それでは，同年齢の子どもとの関係はどうでしょうか。次の事例から考えてみましょう。

ままごとコーナーで一緒にお料理

　Bくんは登園して朝一番，ままごとコーナーへ行きました。すでにままごとコーナーでエプロンをつけて遊んでいたCちゃんは，チェーンリングをお鍋いっぱいに入れ，おたまでジャラジャラと音を立てながらかき混ぜて遊んでいました。Bくんも同じようにエプロンを保育者につけてもらい，お鍋とおたまをもってCちゃんの隣に並びました。そして，BくんはCちゃんのお鍋に手を伸ばしてチェーンリングをつかもうとしました。それを見たCちゃんはとっさにBくんの腕に噛みつこうとしましたが，後ろで様子を見ていた保育者が2人の間に入り，「Cちゃん，チェーンリングとられたらいやなのね」「でもBくんはお鍋に入れるものがほしかったんだよね」と言葉をかけました。それでもチェーンリングをとろうとするBくんを保育者は抱きながら，「何かないかな〜」と言って棚の中から別のチェーンリングを出してきました。保育者は「あったね〜」と言いながらBくんに渡し，Bくんはお鍋いっぱいにチェーンリングを入れてから，Cちゃんの隣に立ち，おたまでジャラジャラと音を立てながらかき混ぜて遊びはじめました。

　この時期の子どもの遊びの特徴は平行遊びです。複数の子が同じもので遊んだり，同じ場所で遊んだりしていますが，目的や思いなどを共有しているとは限らず，各々の好きな遊びが，たまたま周囲の子どもと同じ遊びであることが多いのです。また，自分のやりたい世界が優先されるあまり，他者との関係において，モノの取り合いをはじめとする「いざこざ」が生じるのです。

　ここで，保育者はそうした発達の特徴を理解し，BくんとCちゃんの気持ちを代弁しつつ，2人の遊びの世界を大切に，との思いでBくんにチェーンリングを提供したのです。子どもの姿から一人ひとりの発達にふさわしい関わりを心得ておくことが大切であることを，この事例は考えさせてくれます。

3．2歳児の生活と遊び

　2歳児の特徴は，「自分でやりたい」から「自分でやる」，そして「自分でやれた」への移行期です。「自分でやる」と意思もはっきりと表れてくるのですが，現実はなかなか思うようにはいかず，癇癪を起こしたり，悲しくなってしょんぼりしてしまうことがあります。

　生活の場面である衣服の着脱，食事や排泄の中で，そうした場面に多々出会うことでしょう。こうしたとき，保育者をはじめまわりの大人は，

　まず，子どものやりたい気持ちを尊重するとともに，「こういうやり方があるよ」と提案したり，さりげなく見本を見せてモデルとしてのやり方を提案したりしつつ，「トライ＆エラー」の心もちで，どっしりとかまえたいものです。

　子どもの「やりたい」に応答する環境構成（ヒト・モノ・コト）について，以下の問いから考えてみることにしましょう。

> 　たとえば，読者のみなさんは，カレーライスを食べるときこぼすことは，まずないでしょう。しかし，2歳児の食事場面では，一人で一生懸命に食べようとしていても，かなりこぼしてしまうところが見られます。子どもたちもこぼしたくてこぼしているのではないことは，明らかです。
> 　では，なぜこぼすのでしょうか？

　私たち大人が食べるとき，無意識に上手に手首を回転させてこぼさずにすくい上げています。しかし，こぼしている多くの子どもは手首が動かず，手前にスプーンを引き寄せてカレーライスを乗せようとしています。そして，スプーンにカレーライスが乗る前にお皿からはみ出してしまっているのです。ですので，こぼすのは子どもが悪いのではなく，そのようなお皿で食事を提供している大人の問題ということになりましょう。

　こうした問題を解決するための取り組みが実際にあります。たとえば，ある企業が保育所と共同でつくっているお皿は，ふちが垂直に立ち上がり，さらにお皿に沿ってスプーンを動かした最後にスプーンの上に食事が乗るように返しがついています。子どもの「食べたいけれど，こぼしてしまう」という，ありのままの姿を受け止める養護的な視点から生まれた商品といえるでしょう。

第5節　計画・評価・省察

1．個別計画が基本：一人ひとりの育ちを保障する

　乳児期は月齢による発達の差が大きく，とくに0歳児クラスでは，ベッドで寝転びや寝返りがやっとできる子どもと，よちよち歩き回れる子どもが同居しています。また，発達の過程も個々に違うため，個別に計画

を立てる必要が生じてきます。とくに大きな行事などは，クラス全体案を立てますが，その中で，「A児は○○で，B児は△△をしましょう」と，一人ひとりについて立案することで細かな配慮につながります。同じことをしているように見えても，個々に配慮する内容は異なります。

　保育の場における一日の生活も，登園が7時30分の子どもと9時の子どもでは，おのずから家庭での起床時間も朝食時間も異なることが考えられますので，昼食や午睡に入る時間なども変わってくることが予想されます。こうしたことから，個別の日案（ディリープログラム）が必要になってきます。

2．ドキュメンテーションの活用

　「ドキュメンテーション」は，子どもの活動や成長・学びを写真等を用いて記録し，保育の振り返りや次の活動に生かす手法です。U市にある幼保連携型認定Sこども園のドキュメンテーション[7]（図6-3，6-4）を例に，その活用方法と，ドキュメンテーションを通した保護者とのコミュニケーションや子ども理解の共有について見ていきましょう。

　図6-3，6-4のドキュメンテーションは，以下の（1）〜（4）のセクションで構成されています。

（1）子どもの様子を写真で撮影し，子どもの姿や発語を記す。
（2）園の保育理念・大切に考えているポイントを明文化し，着目した子どもの姿から心の動きや育ちなど，子どもの学びの姿と子どもの内面をチェックする。園独自の視点だが，乳児の3つの視点や5領域にリンクしている。
　①あたらしいであい——新しいものとの出会い
　⇒乳児の3つの視点「身近なものと関わり感性が育つ」
　　領域「環境」「言葉」「表現」
　②こころもからだもげんきなこ——自分作り
　⇒乳児の3つの視点「健やかに伸び伸びと育つ」
　　領域「健康」「環境」「言葉」「表現」
　③みんなでたのしいこどもえん——仲間作り
　⇒乳児の3つの視点「身近な人と気持ちが通じ合う」
　　領域「人間関係」「言葉」「表現」
　④こどもえんのまちづくり——世界作り

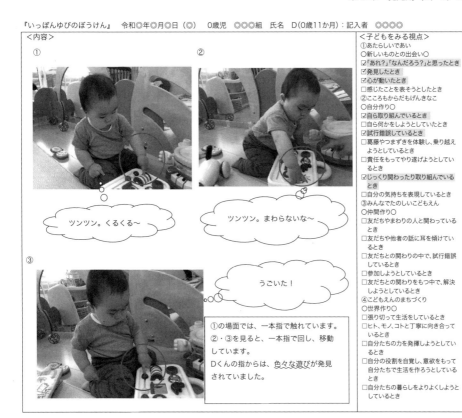

『いっぽんゆびのぼうけん』　令和◯年◯月◯日（◯）　0歳児　◯◯◯組　氏名　D（0歳11か月）：記入者　◯◯◯◯

図6-3　「いっぽんゆびのぼうけん」

領域「健康」「人間関係」「環境」

(3) 保育者の振り返り・解釈。以下の3つの内容について書かれている。

- 上段（実線）：これまでの子どもの姿。
- 中段（波線）：子どものありのままの姿。
- 下段（点線）：保育者による子どもの思いや心，育ちの読み取り。

(4) 保護者からのコメント。

◆8　ビジーボード
赤ちゃんが興味をもちそうな複数のものを，ボード（板）にとりつけた玩具。

　図6-3はビジーボード◆8を使った遊びの場面ですが，一連の写真のみだと「遊んでいる」というだけの記録になるでしょう。しかし，Dくんの表情や体（手指）の動きを細かく見て記すことで，試しては確認し，発見しては試す，という試行錯誤のプロセスが見えてきます。こうして細かく見て解釈することで，子どもの学びのプロセスが可視化されます。Dくんの保護者もそうだったようで，ドキュメンテーションを通して，遊びに内包される育ちや学びに気づかされます。そして「家でも見てみます」と，保護者の関わりに変化をもたらしていることが読み取れます。

『同じ気持ち！　うれしいな！　たのしいな！』　令和〇年〇月〇日（〇）　〇〇〇組　氏名　Ｅ（2歳11か月）：記入者　〇〇〇〇

<内容>	<子どもをみる視点>	<保育者の振り返り>

<内容>

Ｇくん　　Ｆくん　　Ｅちゃん

Ｅちゃん：　あ！（かばさん）たべちゃった！
Ｇくん：　　たべちゃったね！！
Ｅちゃん：　あーん、ぱく！　おいし〜
Ｆくん：　　Ｆも！　ぱく！
Ｅちゃん：　おいし〜、ね〜

同じ場面を見て言葉を交わしながら笑い合っていました。

<子どもをみる視点>

①あたらしいであい（新しいものとの出会い）
□「あれ？」「なんだろう？」と思ったとき
□発見したとき
☑心が動いたとき
☑感じたことを表そうとしたとき
②こころもからだもげんきなこ（自分作り）
☑自ら取り組んでいるとき
□自ら何かをしようとしていたとき
☑じっくり関わったり取り組んだりしているとき
□試行錯誤しているとき
□葛藤やつまずきを体験し、乗り越えようとしているとき
☑自分の気持ちを表現しているとき
③みんなでたのしいこどもえん（仲間作り）
☑友だちやまわりの人と関わっているとき
□友だちや他者の話に耳を傾けているとき
☑心地よさを感じているとき
□参加しようとしているとき
□友だちとの関わりの中で、試行錯誤しているとき
□友だちとの関わりをもつ中で、解決しようとしているとき
④こどもえんのまちづくり（世界作り）
□張り切って生活をしているとき
□ヒト、モノ、コトと丁寧に向き合っているとき
□自分たちの力を発揮しようとしているとき
□自分の役割を自覚し、意欲をもって自分たちで生活を作ろうとしているとき
□自分たちの暮らしをよりよくしようとしているとき

<保育者の振り返り>

進級してから『お友だちと関わりたい気持ち』と『思うようにいかないもどかしさ』の中で日々交友関係を築いています。今まで「おおきなかぶ」や「かばくん」の絵本が好きで、一人で読むことを楽しんでいました。しかし、この日はお友だちが気になって見に来るとそっと本を傾けて見せていました。同じ場面を見て話したり、同じように食べる仕草をして始終笑顔で絵本を見ていました。自分の好きなものを通して関わることの嬉しさや楽しさを味わうことでより友だちが大好きになったことでしょう。今後もこの気持ちを何度も味わいながら、交友関係を広げていく姿が楽しみですね！

<保護者コメント欄>

お友達の名前を家では聞くことがあまりなかったので友達と楽しそうに遊んでいるのをみるとホッとします。この園に預けて良かったなとつくづく思います。

アリガトウゴザイマス！

図6-4　「同じ気持ち！　うれしいな！　たのしいな！」

　一方、図6-4では、子ども一人ひとりの発語や表情から、喜びを感じていることや、この喜びはどこから来ているのかについて、保育者は読み取り、表しています。子どもの表情を見れば、嬉しいことや楽しんでいることが読み取れることでしょう。加えて、会話から、みなが同じように食べることを共有し、Ｅちゃんの「おいし〜，ね〜」の発語から、お互いに共感し合えていることが読み取れます。こうした一つひとつの場面をパズルのように組み合わせていくと、「関わることの嬉しさや楽しさを味わうことでより友だちが大好きになったことでしょう。今後もこの気持ちを何度も味わいながら、交友関係を広げていく姿が楽しみですね！」という読み取りになるというわけです。

　保護者は、園での子どもの生活・遊びについて、いつも思いめぐらしています。とくに、乳児期は、子どもから園でのことについて詳細を話すことはほとんどないので、理解することが難しいのです。ドキュメンテーションにある保育者の根拠のある読み取りを通して、保護者自身がわが子の魅力を新たに発見することにつながります。また、わが子のみならず子どもへの関心が高まり、子どもたちや保育者との深い関わりへとつながっていくのです。これは、保護者にとっても子どもにとっても

嬉しいことです。

　また，こうしたドキュメンテーションを公開することで，職員間でも子どもの生活と遊び，園の価値観や視点を共有することになります。そこには，共感的な読み手の存在が必要となります。十人十色といわれるように，同じものを見ていても感じ方はさまざまです。それぞれがどう感じたのかは，それぞれに理由があるわけですから，それらを共有することで，多様な価値観・視点にふれ，保育を見る目が広く深くなっていきます。そして，保育者も保護者も多様な価値観にふれることで，自分自身の保育や子育てを見直すきっかけにもなります。

3．保育者に求められること：子ども理解に向けて

　日々子どもたちが成長していく中で，子どもの最善の利益の保障のためには，日々の保育の振り返りが欠かせません。子どもの主体性を尊重するためには，大人の思いの押しつけは避けなければなりません。それは子どもにとって迷惑であるばかりでなく，子どもの育ちを歪めてしまいます。ですから，子どもにとっての最善の利益と保育者の願いの折り合いをつけていくところを探るために，日々の保育の振り返りが大切なのです。とくに，個別の関わりが必要な乳児期は，個々の養護と教育が子どもの育ちに沿っているのかを見極めなければなりません。

　ただし，さまざまな大人の手が必要な状況の中で，日々の振り返りの時間にあてられる時間も限られているのが現状です。そうした中で，ちょっとした発語，会話，子どものしぐさを表し，子どもの学びと心を読み取る記録（ポートフォリオやドキュメンテーションなど）を，できるところからはじめてみたいものです。記録を活用して，保育者をはじめ職員どうしで共有することから，多様な子ども理解につながり，子どもへの丁寧なまなざしや関わりが生まれます。そして，そこから見えてくることが，次の保育への足がかりになるのです。[9]

　保育の振り返り，自己評価の実施にあたり大切にしたいことは，まず，自己評価の基盤となる「子どもの理解」についてです。「子どもをどのようにとらえているのか」「子どもにとってどうなのか」という視点から，保育のありようを考えてみることで，課題や子どもの思いが見えてきます。そうすると，次にすることが見つかり，日々の保育に手応えが生まれ，保育がより楽しくなってきます。

　子どもの話題を中心にした雑談が，気がつけば対話的省察になってい

◆9　厚生労働省は，保育の振り返り・省察のために，保育現場や養成校と連携して下記資料を作成している。
「保育所における自己評価ガイドライン」2020年.

「保育をもっと楽しく　保育所における自己評価ガイドラインハンドブック」2020年.

きます。養成校時代からそのような話をする機会を多くもつことができるといいですね。

　子どものありのままを受け止める愛情深さ，さらに保育者どうしが尊重し合い，一人ひとりの子どもに対して使命感をもって保育する喜びを味わうことを楽しみにしましょう。

さらに学びたい人のために

大豆生田啓友・おおえだけいこ『日本が誇る！　ていねいな保育──０・１・２歳児クラスの現場から』小学館，2019年.

　丁寧にしなければいけないとわかっていても，いざ子どもの前に立ったとき，どのようにすればよいのか，どのように接することが丁寧なことなのか。保育の主な場面を写真で示しながら，丁寧な関わり方について解説しています。

小西行郎・小西薫『赤ちゃんのからだBOOK』海竜社，2008年.

　赤ちゃんの体がどのような仕組みで，どのように機能しているのか。大人とどこが同じでどこが違うのか。日本赤ちゃん学会元理事長の小西行郎氏が，赤ちゃんの体の不思議と気になる様子の対処法をわかりやすいイラストと共に説明しています。

倉橋惣三『育ての心（上）』フレーベル館，2008年.

　日本の幼児教育の黎明期を支えた倉橋惣三が，「子どもたちと母たちとに接しながら」感じた言葉を書き記した一冊。乳児ではなく幼児教育に従事した者というイメージが強い倉橋惣三ですが，とくに「こころもち」の節にこめられた倉橋の思いは，乳児に関わる者にこそ心に留めてもらいたいものです。今，必要とされている保育観について考える足がかりにしてほしいと思います。

演習課題

M ０歳児の３つの視点と１，２歳児の５領域のつながり，そして保育内容のポイントについて自身が理解したことをまとめよう。

V 遊びの主体が子どもである様子を，保育環境や保育者の姿の変容から考えてみよう。【参考：新宿スタジオビデオライブラリー『０歳児保育・あそびの中で乳児は学ぶ　第２巻　人とのかかわりの中で学ぶ』内の「こんなことどうですか？」】

P 乳児期の子どもに関わる保育者として必要な資質・能力とは何かを考え，保育者として大切にしたい・身につけたいことを話し合おう。

第7章

幼児期（3，4，5歳児）の特性と保育内容
総合的なとらえ方

Mission　社会の変化や子育てニーズの多様化において求められる，質の高い幼児期の教育・保育について知る。

Vision　幼児期の子どもの発達と学びを見通した保育内容のとらえ方を理解し，保育者の援助や関わりについて学ぶ。

Passion　保育実践の振り返り・評価を通して，一人ひとりの子ども理解を深め，保育内容の改善を図るプロセスを大切にする。

・・・・・・・・・・・・・・・・・・

第1節　3，4，5歳児を取り巻く環境

　本章では，幼児期（3，4，5歳児）の保育内容について，まずはじめに，幼児を取り巻く社会環境の変化や子育てニーズの多様化に対応して，質の高い幼児教育が求められている状況を確認していきましょう。

1．子育て支援の必要性と幼児教育の振興

　日本の人口は，推計では，2065年には約8,000万人にまで減少するとの調査報告[1]があります。核家族化が進み，かつてのような地縁に基づく地域社会の人間関係のつながりが薄れ，自分の育った地域以外でのいわゆる「アウェイ育児」が増加して，家庭での子育てが孤立化し，子育ての不安感・負担感が増大していることが大きな社会問題となって，子育て支援の必要性が浮上してきました。

　保育の場においては，以前から家庭や地域との連携については重視されていましたが，1998年の幼稚園教育要領，1999年の保育所保育指針にそれぞれ，幼稚園における子育ての支援，保育所における子育て支援

◆1　国立社会保障・人口問題研究所『人口問題研究資料』第337号，2018年，p.63.

◆2　正式名称は「就学前の子どもに関する教育，保育等の総合的な提供の推進に関する法律」。2006年の旧法公布から2012年に子ども・子育て支援新制度へ向けた改正が行われた。

◆3　子育て支援の充実については，幼稚園教育要領の改訂へ向けた，文部科学省中央教育審議会「幼稚園，小学校，中学校，高等学校及び特別支援学校の学習指導要領等の改善及び必要な方策等について（答申）」2016年，p.80にも記載されている。

◆4　下記資料を参照。文部科学省「幼児教育振興アクションプログラム本文」2006年.

◆5　文部科学省初等中等教育局幼児教育課「令和元年度幼児教育実態調査」2019年.

◆6　幼児期の教育の振興については，幼稚園教育要領の前文で教育基本法第11条を挙げて，以下のように述べられている。「幼児期の教育については，同法第11条に掲げるとおり，生涯にわたる人格形成の基礎を培う重要なものであることにかんがみ，国及び地方公共団体は，幼児の健やかな成長に資する良好な環境の整備その他適当な方法によって，その振興に努めなければならないこととされている。」

の項目が記述されるようになりました。2015年には，幼保連携型認定こども園教育・保育要領が施行され，その基本法令である認定こども園法第2条には子育て支援事業が法定化されました。また，2017（平成29）年の各要領・指針の改訂・改定において，保護者支援・子育て支援は，在園児の家庭，地域の子育て家庭を問わず保育の場に求められる役割としてますます重要になってきているところです。

　一方，幼児教育に期待される役割がますます高まっています。文部科学省は，2005年の「子どもを取り巻く環境の変化を踏まえた今後の幼児教育の在り方について（答申）」で人格形成の基礎を培う幼児教育の重要性から，家庭，地域社会，そして，幼稚園・保育所等の施設それぞれが幼児教育を充実させることを述べ，2006年に「幼児教育振興アクションプログラム」という行動計画を発表しました。そこでは，認定こども園も含めたそれぞれの施設の連携をより一層図って，小学校就学前の子どもの育ちを支えるしくみをつくり，入園を希望するすべての幼児に質の高い幼児教育を提供すること，発達と学びの連続性をふまえた小学校教育との連携・接続の強化などが目標として掲げられました。2019年度の「幼児教育実態調査」によれば，全体の9割を超える公私立の幼稚園ならびに幼保連携型認定こども園が小学校と何らかの連携の取り組みを行っており，市町村における状況は図7-1の通りとなっています。

　2020年10月には，さらなる幼児教育の振興を推進するための予算要求がなされ，幼児教育アドバイザーの配置・育成や，幼稚園教諭の人材確保・キャリアアップ，幼稚園・認定こども園の環境整備費（新型コロナウイルス感染症防止対策，ICT環境整備，教職員の研修支援，施設整備など）が300億円あまりとなりました。

　また，保育所についても，2017年に改定された保育所保育指針において，幼児教育を行う施設として改めて位置づけ直され，育みたい資質・能力について，幼稚園ならびに認定こども園と共通する事項として整合性が図られました。

2．幼児教育の質の向上と小学校教育との円滑な接続

　わが国では，2015年より施行された子ども・子育て支援新制度において，幼児期の学校教育・保育と地域の子ども・子育て支援を総合的に推進することを目的として，それらの量の拡充と質の向上を図り，仕事と子育てを両立することが目指されてきました。また，近年，質の高い

●市町村における幼稚園等の教育と小学校教育との接続に向けた状況については，「ステップ2」が50.6%
（867市町村）と最も多く，「ステップ3」，「ステップ4」，「ステップ0」，「ステップ1」と続く。

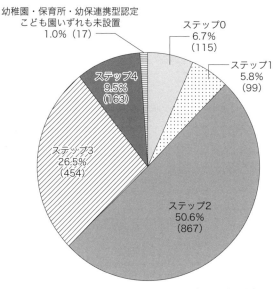

連携から接続へと発展する過程のおおまかな目安
（幼児期の教育と小学校教育の円滑な接続の在り方について（平成22年11月11日　幼児期の教育と小学校教育の円滑な接続の在り方に関する調査研究協力者会議））

ステップ0：連携の予定・計画がまだ無い。

ステップ1：連携・接続に着手したいが，まだ検討中である。

ステップ2：年数回の授業，行事，研究会などの交流があるが，接続を見通した教育課程の編成・実施は行われていない。

ステップ3：授業，行事，研究会などの交流が充実し，接続を見通した教育課程の編成・実施が行われている。

ステップ4：接続を見通して編成・実施された教育課程について，実施結果を踏まえ，更によりよいものとなるよう検討が行われている。

母数：市町村総数(1,715市町村)
（　）内は市町村数

図 7 - 1　市町村における幼小連携・接続の状況

出典：文部科学省初等中等教育局幼児教育課「令和元年度幼児教育実態調査」2019年.

◆7　文部科学省初等中等教育局幼児教育課「幼児教育の振興について」2020年.

◆8　これに先立ち，2012年に子ども・子育て支援法ほか子ども・子育て関連3法が成立した。内閣府に子ども・子育て本部が，市町村に地方版子ども・子育て会議が努力義務として設置され，5年ごとの事業計画の下に制度ならびに具体的な施策が実施されている。子ども・子育て支援新制度については，本書第9章第1節（pp. 121-124）も参照。

◆9　非認知能力
意欲，協調性，粘り強さ，忍耐力，思いやり，自制

幼児教育が，非認知能力や社会情動的スキルといわれる力を育んだり[9]，社会に対する経済効果をもたらす[10]といった海外の研究成果の影響から，幼児教育の重要性についての認識が高まっています。

　そして，文部科学省，厚生労働省それぞれが，幼児教育・保育の質に関わる検討会を実施し，議論のまとめを公表[11]しています。そこでは，社会において幼児教育や保育所保育への理解を高める取り組みや工夫，小学校との円滑な接続の推進や特別な配慮を要する子どもへの支援といった保育内容の改善・充実，処遇改善や研修の充実などによる人材確保と専門性の向上，幼児教育や保育内容の質の評価の促進，保護者や地域の家庭への支援の充実，組織として地域の関係機関と連携し，より一層のネットワークの構築を図ることなどが挙げられました。

　とくに，小学校教育との円滑な接続の推進については，2021年以降，「幼児教育と小学校教育の架け橋特別委員会」において，幼児教育の一層の質の向上や，質の高い学びに関して議論が重ねられました。

心，他者との協働，目標の達成，コミュニケーション能力など，学力テストや実験などで測定することのできない能力。2015 年の OECD の研究では，社会情動的スキルと呼ばれ，就学前の教育・保育の重要性や意義を考えるうえで，世界的関心が高まり注目された。

◆10　非認知的能力，社会情動的スキルが世界で注目された背景に 2000 年にノーベル経済学賞を受賞したジェームズ・ヘックマンの研究がある。彼が論文で紹介した「ペリー就学前プロジェクト」では，質の高い幼児教育を提供したグループを 40 歳になるまで対照群と比較した追跡調査で 40 歳時点での経済効果を算出し，1 年間の保育にかかった費用の約 16 倍の経済効果があるとされた。

◆11　幼児教育の実践の質向上に関する検討会「幼児教育の質の向上について（中間報告）」2020年.

保育所等における保育の質の確保・向上に関する検討会「議論のとりまとめ『中間的な論点の整理』における総論的事項に関する考察を中心に」2020 年.

◆12　津守真『保育者の地平——私的体験から普遍に向けて』ミネルヴァ書房，1997 年，p. 4.

第2節　3，4，5 歳児の保育の特徴

1．遊びを通して総合的に育む

　0，1，2 歳のときに，周囲のモノや身近な大人と出会い，ゆっくりと自己の存在感や能動性，相互性，そして自我を大切に丁寧に育まれてきた 3，4，5 歳児の子どもたちは，運動機能，生活習慣，言葉，仲間関係，思考力・表現力等を身につけ，遊びを通して発達に必要な体験と学びをさらに積み重ねていきます。

　こうした育ちを保障するために，幼稚園教育要領では，1989 年の改訂以来，「環境を通して行う教育」が基本理念とされ，そのために重視すべき事項の一つとして，遊びを通しての総合的指導が掲げられて，遊びの意義と重要性が明確になりました。養護と教育を一体的に行うことが特性とされる保育所保育においても，「子どもが自発的・意欲的に関われるような環境を構成し」「生活や遊びを通して総合的に保育すること」が述べられています。

2．領域の相互関連性と保育内容の総合的なとらえ方

　幼児期の保育内容は，5 つの領域別にねらいと内容，内容の取扱いがまとめられていますが，それらを読むと，遊びを中心としながら，園で展開される生活のすべてが子どもの発達を促し，生きる力の基礎を培うものとなることがわかります。

　これらのねらいと内容は，幼児の発達の側面からまとめられていますが，5 つの領域は，子どもの発達する姿をとらえる視点や観点，枠組みを示しているのであって，相互に深く関連性をもちつつ重なり合っており，小学校以上の「教科」のように時間割別にして指導するものとは質的に異なることに留意する必要があります。

　そして，保育者の援助や関わりも，一人ひとりの発達の実態をふまえながら，それぞれのねらいと内容が，子どもが環境に関わって展開する実際の具体的な活動を通じて総合的に達成されていくように行われなければならないのです。

3．生活の連続性

　園生活において，子ども自身の経験内容が5領域別に分かれて行われるわけではないのと同様に，園での生活と家庭や地域での生活も子どもの中では，連続した流れの中で，相互につながり合い，影響し合っています。たとえば，休み明けの月曜日に疲れた様子の子どもや，朝登園してきて元気がなく，なかなか遊び出そうとしない子どもがいれば，家庭での生活や親子関係での出来事などの影響の可能性を考えます。反対に，子どもは，園で過ごした経験をもって，家庭に帰ります。保育者には，個々の子どもの生活全体をとらえ，園と家庭での生活の連続性を意識して子どもを理解していくことが求められます。

　一方，園での遊びと生活について，昨日から今日，今日から明日へと，時間の経過の中で子どもの興味・関心のつながりを大事にし，遊びや友達関係が生き生きと継続していくよう配慮することも必要です。

4．発達と学びの連続性

　幼稚園教育要領には，環境を通して行う教育の重視すべき事項の一つとして「幼児期にふさわしい生活の展開」が掲げられています。創造的な思考や主体的な生活態度の基礎を培うことを通して，幼児期の教育が小学校以降の生活や学習の基盤となっていくこと，すなわち発達と学びの連続性に留意する必要があります。[13]幼児期においては，保育者との信頼関係による安心感に支えられ，子ども自身の興味・関心に基づいた直接的な体験を通じて，考えたり，工夫したり，試したり，表現したりすることや，友達と共に，自分の考えを伝え合ったり，協力したり，相手を思いやったりする力を十分に育んでいくことが大切です。

　そうした豊かな体験を通じて子どもに育みたい資質・能力が，小学校への接続に欠かせないものとして，「知識及び技能の基礎」「思考力・判断力・表現力等の基礎」「学びに向かう力，人間性等」の3つに表されました。

　さらに，その具体的な姿として，幼児期にふさわしい生活の積み重ねによって，幼児期後期と言われる5歳児後半までに育つことが期待される子どもの姿が，「幼児期の終わりまでに育ってほしい姿」として示されています。保育者は，3，4，5歳児を通して，こうした体験が十分に重ねられるよう考慮していく必要があります。

◆13　「幼稚園教育要領」第1章「総則」第3「教育課程の役割と編成等」5「小学校教育との接続に当たっての留意事項(1)」に，以下のように述べられている。
「幼稚園においては，幼稚園教育が，小学校以降の生活や学習の基盤の育成につながることに配慮し，幼児期にふさわしい生活を通して，創造的な思考や主体的な生活態度などの基礎を培うようにするものとする。」

5．体験の多様性と関連性

　子どもたちの豊かな体験のためには，子ども自身がさまざまな人やモノ，事象，動植物や自然，さまざまな文化や伝統，情報など身近な環境に出会い，心を動かされる体験を重ね，試行錯誤しながら，自分たちのものにしていく「主体的・対話的で深い学び[14]」が実現するように考慮しなければなりません。

　その際，一つひとつの体験が独立したものとしてではなく，一つの体験が次の興味・関心に発展して，さらに次の活動を生み出していくという関連性を重視することで，子どもの体験が相互につながりをもちながら深まっていき，園生活が充実して生き生きとしたものになるでしょう。たとえば，園庭で拾った花がらを指でつまむと色がついたことから，いろいろな花の汁を集めることに夢中になり，以前絵の具でやった染め紙の経験をもとに，折りたたんだ紙をひたして乾かしたり，布につけて干したり，そこからクリーニング屋さんがはじまって，といった場合などです。その際には，個々の発達過程を理解することに努めながら，子どもが何にどのような興味・関心を抱いているのかを知り，一つの体験を通じて子どもが何を学び経験しているのかを子どもの側から見通すことが大切です。

◆14　「主体的・対話的で深い学び」の実践は，大豆生田啓友（編著）『倉橋惣三を旅する 21 世紀型保育の探究』フレーベル館，2017 年の実践 1 で紹介されている RISSHO KID'S きらりのインドカレーの事例や，実践 2 で紹介されている仁慈保幼園の焚き火の事例が参考になる。

 第3節　3，4，5歳児の保育内容

1．幼児期の発達過程に即した保育の構想

　保育所保育指針の 3 歳以上児の保育内容には以下の記述があります。

　この時期においては，運動機能の発達により，基本的な動作が一通りできるようになるとともに，基本的な生活習慣もほぼ自立できるようになる。理解する語彙数が急激に増加し，知的興味や関心も高まってくる。仲間と遊び，仲間の中の一人という自覚が生じ，集団的な遊びや協同的な活動も見られるようになる。これらの発達の特徴を踏まえて，この時期の保育においては，個の成長と集団としての活動の充実が図られるようにしなければならない[15]。

◆15　厚生労働省「保育所保育指針」第 2 章「保育の内容」3「3 歳以上児の保育に関するねらい及び内容」(1)「基本的事項ア」2017 年.

◆16 加藤繁美（監修），塩崎美穂（編著）『子どもとつくる3歳児保育——イッチョマエ！が誇らしい』ひとなる書房，2016年，pp. 7-10.

◆17 和光鶴川幼稚園『子ども理解と大人の関わり』ひとなる書房，2014年，2017年，2016年の3冊シリーズでは，『3歳児 うれしさを自信に』『4歳児 葛藤をチカラに』『5歳児 誇りを輝きに』と表現されている。

◆18 鯨岡・鯨岡（2001）は，この自己発揮と自己抑制がもつ両義性のバランスを調整していく過程，つまり，主体としての自分を育てることとみんなのことにも目を向けるような気持ちを育てることこそ，自我の発達であると述べている。（鯨岡峻・鯨岡和子『保育を支える発達心理学——関係発達保育論入門』ミネルヴァ書房，2001年，pp. 172-173.）

◆19 岩立京子ほか（監修），東京学芸大学附属幼稚園小金井園舎（編集）『遊びの中で試行錯誤する子どもと保育者——子どもの「考える力」を育む保育実践』明石書店，2019年の第2章にある8つのエピソードから具体的に学べる。

ところで，ここで述べられている幼児期の保育内容を考えるとき，加藤（2016）[16]らの次のような考え方が参考になります。そこでは，子どもを，園生活の内容を決定する営みに参加・参画する権利をもち，また，参加・参画する能力を身につけていく存在としてとらえて，各年齢の時期の保育の特徴が表現されています[17]。

まず，3歳児には，その子らしい感じ方，「驚き」や「不思議さ」を感じながら，おもしろがって生きる権利を保障することが重要だと述べています。また，4歳児は，モノとモノとの間，自分と他者との間，現在と未来との間の関係を知り，そこに論理を見出すようになっていき，5歳児は，集団に責任をもち，仲間と協同する力が育ち，仲間と未来を切り拓く活動に本格的に向き合うスタートラインに立つととらえられています。ここに，食事・睡眠・排泄といった基本的生活活動やグループ活動，係活動，当番活動といった日常的生活活動が連動していきます。

保育者には，まず何よりも子どもが主体として生きる園の遊びと生活を保障する使命と役割が求められています。子どもの主体性を権利として保障し，仲間と十分に関わり合い，学び合うことや，子ども自身が体験から満足感や充実感を得られる環境をどのように構成していくか，実際の一つひとつの遊びや活動を具体的にどのように援助していくか，子どもの主体性を引き出しつつ，保育者の意図や思いを指導計画にこめながら保育内容を構想していく高い専門性が求められているのです。

２．個と集団の育ち

幼児期には，保育者との信頼関係を基盤に，自己を発揮し，自己を表現し，友達と関わることの楽しさや喜びを経験していきます。一方，相手との関係の中で自分の欲求や行動をおさえ，自己抑制[18]することを学びます。クラスやグループの一員として集団の生活を通じて，友達との関わりを深め，共感や思いやりといった気持ちを感じたり，ぶつかり合いや葛藤，悲しみなどを経験し，相手の気持ちやきまりの大切さなどに気づいたりしていきます。

そして，保育者は，子ども一人ひとりのよさを生かして集団を形成しながら，子どもどうしが互いに関わりを深め，協同して遊びを展開する中で，自分の考えを言葉で伝え合ったり，相手の考えを取り入れたり，試行錯誤して考えたり[19]しながら，共通の目的を実現する満足感を味わうことができるように支えていきます。

3．直接体験を重視

　子どもたちが体験を通じて心動かされ，感性や感覚を豊かに働かせ表現するためには，子どもたち自身の直接的な体験が重要です。

　さまざまな素材や道具，身近な動植物や自然現象，地域の身近な人々との関わり，季節の行事や伝統文化や異文化，地域の多様な施設や資源などを，園生活の自然な流れに取りこんだり，日常生活に

図7-2　にんじんとれた！[20]
写真提供：中央区立月島第一幼稚園（東京都中央区）

◆20　図7-2のカラー写真は以下。

変化と潤いを与える行事として計画したりしながら，幼児の豊かな体験が広がっていくようにしたいものです。

第4節　幼児期の生活と遊びの実際

　保育実践において，子どもの側から見ると，生活と遊びは切り離すことができないものであり，各年齢の姿は，個々の発達過程によるため個人差もあります。しかし，だいたいの傾向を把握しておくことは，保育者としての援助や関わりを考え，発達を見通し，遊びの展開や環境構成を考えるうえで重要です。事例と共に見ていきましょう。

1．3歳児の生活と遊び

　3歳児は，保育者との間に深い信頼関係を築きながら，保育者を支えに，生活面では，自分の持ち物の扱いや，着替え・食事・排泄といった身のまわりのことを自分でしようとします。しかし，まだまだ個人差が大きい時期であり，保育者は個々の姿を受け止め，認めながら，個別の援助や関わりを工夫していきます。

　遊びでは，言葉がますます流暢になり，「なぜ」「どうして」といった疑問や，「うれしいねー」「びっくりした」といった内面の気持ちを言葉に表すようになり，イメージする力が育ち，ごっこ遊びが盛んに見られ

るようになります。全身のバランスがとれてきて，基本的な運動機能が
伸び，活発に体を動かします。自我が育ち，興味・関心を旺盛に発揮し
て，やってみたいことをやってみる経験や，保育者や友達といっしょに
遊ぶ楽しさを経験していきます。

回転シーソーに乗って（幼稚園 3 歳児，1 月）[21]

　3 学期，男児 5 人が園庭の回転シーソーに乗って遊ぶ姿がありました。地面を蹴ってシーソー
を回転させる子，反対向きに寝そべる子，バランスを崩して落ちる子，外遊び用のおたまやしゃ
もじをもってお腹で乗っかり，止まると地面の土をすくう子ども，シーソーの上に立ち上がる
子どもなど，一緒に遊んでいる中にそれぞれの動きや表現が見られます。シーソーの動きが止
まると，しばし互いの何かを確認し合うかのように立って顔を見合わせていました。「おさかな
つれた～」という言葉をきっかけに，「おさかなゲット！」と口々に言いながら，シーソーにお
腹で乗り，地面の 1 か所を掘りはじめます。道具をもっていなかった友達に「あっちにあるよ」
と知らせる声。2 人が園庭の外遊び用道具入れのほうへ姿を消した後，戻ってきました。「おさ
かなゲットした～」「あ～～！」など声を上げながら，しばらく 4 人が同じ場所を掘ります。園
庭の中心では，年長組が氷鬼をしており，やがて 5 人はそちらへ向かっていきました。

◆21　本事例はいわさき
第二幼稚園（千葉県松戸
市）におけるもの。

　園生活も 3 学期に入り，保育者が一緒でなくても，気の合う友達どう
しが継続して関わり合う姿が見られるようになってきています。互いに
リラックスしながら，言葉で多くをやりとりしなくても，気持ちが通じ
合う心地よさを感じている様子が伝わってくる場面です。観察者（筆者）
からは，なぜ，おたまやシャベルなのかはわかりませんが，1 人の「お
さかなつれた～」というつぶやきをきっかけに，イメージが共有され，
道具を使った同じ動きが誘発されています。年長組の氷鬼をしばらくな
がめていた男児たちでしたが，担任を中心にクラスではじまったしっぽ
とりに加わって，庭中を走りまわり，みんなで一緒の遊びを伸び伸びと
楽しむ姿が見られました。戸外で進んで体を動かし，保育者や友達と共
に過ごす喜びを味わっていることが伝わってきます。

2．4 歳児の生活と遊び

　4 歳児になると，丁寧さやかかる時間などにバラツキや個人差こそあ
るものの，身のまわりのことは一通り自分でできるようになります。全

身のバランスをとる能力がさらに発達して，園庭の登り棒や雲梯などに盛んに挑戦しては，「見て見て！」と保育者に要求するなど，体の動きも巧みになります。語彙がさらに増加し，自分が経験したことを言葉に表すことができるようになる反面，相手の言葉からその気持ちを読み取ることや，相手にわかるように伝えることは経験不足なため，苛立ったり，思いこみからぶつかり合ったりすることも出てきます。

　遊びでも，友達関係や仲間とのつながりが強くなる中で葛藤やけんかが多くなる一方で，きまりの大切さに気づいていき，ルールのある遊びを楽しんだり，目的をもって，描いたり，つくったりするようになります。

Episode 2　わかり合えないもどかしさ（幼稚園4歳児，9月）[22]

　年中組の秋のかかし立て遠足で郊外の田んぼを訪れ，3人グループで行動するS児（女児），R児（女児），G児（男児）。クラスみんなで保育者の説明を聞いた後，木の枝と毛糸でつくってきた鳥よけの動物を，細い竹に順番に結びつけて留めていきます。それぞれ，指先の細かな動きに挑戦しています。

　無事に終わってお弁当を食べる場所への移動がはじまったとき，S児がR児を責めつつ，大声で泣き出しました。

　「Rちゃんが悪いの。Sの言うこと聞かないでしらんぷりしてた」「いつまでそうやって，Sの話聞かないの」

　言われたR児は，かたくなに黙りこみ，手をつなぐことを拒んで一人先に行ってしまいます。女児たちのいざこざの真ん中にいたG児は，「Sちゃんは本当は泣きたくないんだよ」とR児にとりなしますが，R児は何を考えているのか無言のままでした。

　お弁当の場所までやってくると，グループで「いただきます」をすることを守りたいS児が，「さっきのこともうわすれよう」「Sが悪かったね」と言い出し，G児も「仲直りすればすっごい気持ちいいんだよ」と気づかいますが，R児は，一人自分のピクニックシートを離してお弁当を広げ，食べはじめてしまいます。

　ここで，G児から状況説明を受けた保育者が，「3人でいただきますだよね」「Sちゃんの声聞こえた？」「Sちゃんに言った？」とR児に話を聞くと，R児は「（S児が）二度とRと遊ばないって言ったから……」とつぶやくように言葉を絞り出しました。S児は「それを早く言えばSも言わなかったんだよ」「ごめんね」と返し，ようやく2人のわだかまりが解ける瞬間が訪れます。保育者の「自分の気持ち，伝えればよかったね」という言葉にR児は小さくうなずきました。

　こうして，長く気まずい時間を経た3人は，改めて3人でいただきますをしました。お弁当後は晴れ晴れとした表情で手をつなぎ，歌を歌い，G児は思わず「完了！」と叫びました。

図7-3 緑豊かな園庭と木造園舎

図7-4 こっちに来て！

◆22 本事例は，HKG映像製作委員会『子ども力 ―― Rちゃんの3つの場面』(平塚幼稚園『ともだち』シリーズ6) に収録された実践の記録によるもの (写真提供：平塚幼稚園［東京都目黒区］)。一人の女児の3年間の成長の記録で, 2019年5月26日に当該園が継続開催している「ビデオ上映と話し合いの会」で当時高校生となった本人も含めて上映とディスカッションが行われた。図7-3, 7-4のカラー写真は以下。

この事例は，S児とR児が"泣く－黙る""責める－離れる"というそれぞれの行為を収めて自分なりに気持ちの折り合いをつけ，互いの関係性の調整を図るまでを示してくれています。また，なんとか2人に仲直りしてもらいたいG児を含めた3人が，それぞれの心の中に葛藤を抱えて，わかり合えないもどかしさに向き合い，それを乗り越えて互いの存在を認め合うところにたどりつくことができた経験を物語っているといえるでしょう。そして，4歳児の子どもどうしの人間関係のゆらぎに，保育者はどのように関わるか，そのタイミングや援助のあり方について考える機会を与えてくれています。

3．5歳児の生活と遊び

5歳児は，生活面では，基本的な生活習慣がほぼ身につき，役割を担って当番活動などにも積極的に取り組み，仲間と共に目的と見通しをもって園生活を展開していきます。思考力や認識する力が高まり，筋道を立てて話すようになり，相手の気持ちを察したり，解決策を考えて提案したりするなど，互いの力を発揮し合い，安定して過ごすようになります。

遊びでは，友達が心のよりどころとなり，言葉によりイメージを共有し，役割を担い合い，協同し，継続して取り組みます。知識や経験を生かして，試行錯誤を繰り返しながら，遊びをより発展させるとともに，さまざまな経験を通じて自立心を高めていきます。

Episode 3　柿とり大作戦！（保育園5歳児，10月）◆23

　ある日，園庭に実った柿に気づいた年長組の子どもたち。これをとろうとジャンプしたり，保育者に抱っこしてもらったり，ボールを投げたり蹴っ飛ばしたり。また，セミのぬけがらをとったときのことを思い出して，柿の木の下に古タイヤを重ねてよじ登ったり。それでも届かず，今度はフラフープやシャベル，トングなどいろいろな道具をもってきて，とうとう一番大きいフラフープ2つを縄跳びで結びつけるアイディアをひらめきますが，安定せず，残念ながら柿には届きませんでした（図7-5）。保育者は，子どもたちのひらめきに期待してこれを見守ることにしました。

　数日後の休み明けの月曜日，どうしても柿の実が気になる子どもたちが，「先生！　とってよ！」と古タイヤを運んできました。タイヤ1つでは届かず，2つ，3つと積み重ねられ，ようやく1つがとれると，今度は，さらに高いところにあるもう1つが気になります。タイヤ作戦では，小さなタイヤばかり積み重ねると乗ったときに倒れてしまい，大きいタイヤを下に置くと安定することに気づいていきました。

　さらに翌日，子どもたちはあきらめずに挑戦を続けます。大きなタイヤを協力して6つも重ねました。自分たちの背丈より高く積むために，横に足場のタイヤを積む作戦です（図7-6）。しかし，これでは，積み上げすぎて自分たちが登ることができません。次に，柿の木に縄跳びを引っかけて，片方から引っ張るというエレベーター作戦（図7-7）を試みますが，なかなかうまく登ることができません。そして最後に，長い棒を使って下からつつくと，ようやく落ちてきた柿を手にすることができました。

図7-5　フープ作戦

図7-6　タイヤ作戦

図7-7　エレベーター作戦

◆23　本事例および写真は市川市立行徳保育園（千葉県市川市）によるもの。図7-5〜7-8のカラー写真は以下。

　5歳児たちの粘り強い挑戦は，5名くらいを中心メンバーとして，クラス中の子どもたちの興味と関心を惹きつけ，何日も続けられました。その背景には，5月ごろから自分たちで育てて毎日見てきたパプリカの存在があったそうです。7月ごろ，パプリカの収穫期を迎え，これを給食でいただいてから，やがて10月の運動会前に枯れていく姿を見送る

図 7 - 8　柿を大切にみつめて

　経験をしていました。オレンジ色の柿の実の発見は，子どもたちにとっ
て，最初に「ピーマン（パプリカのこと）だ！」と思わせる驚きと喜び
があったのでした。日々の生活の中で環境の何気ない変化やその発見と
いった経験を共にすること，その経験から得た力をもとにして，試行錯
誤しながら，それぞれの考えを出し合い，協力し合って，自分たちで遊
びや生活を生き生きとした感動と意味のあるものにしていくことこそ，
「主体的・対話的で深い学び」といえるでしょう。なお，不作の年の貴
重なこの柿は，じつは渋柿で，さまざまな感覚や感性を大事に考える保
育士と栄養士が，薄く切って子どもたちにその渋さと苦さの経験を味
わってもらったということです。

第 5 節　保育の質の向上を図る カリキュラム・マネジメント

　本節では，第2〜4節で見てきたような保育内容を実践する流れにお
いて，保育者はどのように実践を振り返り，保育の質の向上を図るのか，
そのプロセスの意義と重要性について考えます。

1．カリキュラム・マネジメントとは

　図7-9は，日々の保育実践において保育者により切れ目なく積み重
ねられ，継続する保育実践のプロセスを図式的に表したものです。

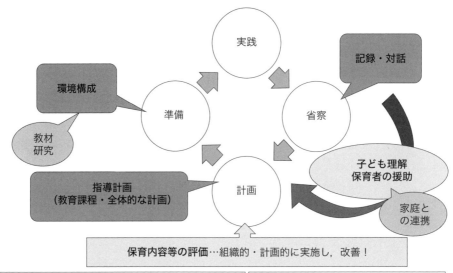

図7－9　保育の質向上を図る保育の循環性とカリキュラム・マネジメント
出典：筆者作成

◆24　文部科学省『幼児理解に基づいた評価』2019年には，子どもへの理解を深めるために求められる保育者の姿勢や視点，評価の実践事例がまとめられている。また，近年，保育プロセスの質を評価するスケール（SICS, SSTEW, ECERS等）が，日本においても紹介されている。

◆25　教育課程とは，入園してから修了までの園生活全期間の中で身につける経験内容の全体が長期的な視野からまとめられた計画のこと（保育所保育指針では，2017年の改定時から「保育課程」という用語が使われなくなったが，教育課程にあたるものと考えてよいだろう）。全体的な計画とは，園の方針や目標に基づき，保育の内容が組織的・計画的に構成され，園生活の全体を通して総合的に展開されるよう作成された計画であり，各園

実践を振り返り省察し，省察を通して家庭と連携・協力しながら子ども理解を深めます。それとともに，保育者自らの援助や関わりについての振り返りを行い，保育内容等を評価し[24]，評価に基づく改善を行い次の指導計画へつなげます。そして，次の指導計画に基づく準備（子どもの活動の流れや心の動きなどに即したものとなるような環境を再構成したり，そのために必要な教材の工夫，つまり，さまざまな遊具や用具，素材等の教材研究を行うこと）により子どもの遊びが充実し，豊かに展開されるように新たな実践につなげるということです。これを保育者一人のみで行おうとすれば，たやすいことではありませんが，各園が，教育課程や全体的な計画をふまえて[25]，組織的・計画的に行うことにより，その実現を図ってくことが重要です。幼稚園教育要領と幼保連携型認定こども園教育・保育要領では，「カリキュラム・マネジメント」という用語で示されています。その重要な点として，以下のことを確認しておく必要があります。

　カリキュラム・マネジメントは，教職員が全員参加で，幼稚園等の特色を構築していく営みであり，園長のリーダーシップの下，全ての教職員が参加することが重要である。また，こうしたカリキュラム・マネジメントを園全体で実施していくためには，教員一人一人が教育課程をより適切なものに改めていくという基本的な姿勢を持

つことも重要である。[26]

また，「保育の循環性」といっても，毎年，毎学期，毎月，同じことを繰り返すという意味ではありません。このプロセスを協働する仲間と共に積み重ねるということです。[27] さらには，こうした評価の結果を広く地域社会にも公表し，幼稚園教育要領前文にある「社会に開かれた教育課程」という理念の実現に向けて，地域の人や機関・組織等との連携と協働を図り，就学前の幼児期において展開される遊びと生活が豊かで充実したものとなるようにしていきたいものです。

2．カリキュラム・マネジメントを支える記録と対話

以上のように，日々欠かすことのできない保育の振り返りを積み重ねるプロセスは，とりもなおさず保育の質の向上に挑戦し続ける保育者集団と園全体による協働した取り組みです。

日々の実践の省察を通じて，子ども理解を深め，よりよい評価・改善につなげていく省察には，記録と対話が重要です。記録にはさまざまな目的や用途，方法があり，[28] また，対話といっても，保育後の保育者どうしの立ち話から，クラスや学年・年齢別会議，園内研究など園全体の語り合いに至るまで多様です。保育者個々の取り組みと，チームや園全体としての取り組みとが有機的に関係し合っています。

大切なことは，子ども一人ひとりの目に見えない内面の育ちや，時間とともに流れ去る保育実践のありようを，楽しみながら，実践の評価・改善につながるように，見える形に表し（＝見える化），保護者や地域の人々，そして，実践の主体である子どもたちも含め，共有可能にして，より充実した保育を創造するために連携し合っていくことでしょう。

さらに学びたい人のために

河邉貴子『遊びを中心とした保育──保育記録から読み解く「援助」と「展開」 改訂第2版』萌文書林，2020年.
　本書では，子どもが遊びの中で育つことをどうとらえるか，質の高い保育に必要な遊びの充実のために保育者の援助はどうあるべきか，次の保育を構想するベースとなる記録をどう残したらよいかなどについて，豊富な実践記録や指導計画を通じて示されています。

左欄外注：

の創意工夫により，その園の保育が保健計画，安全計画，食育計画等も含めて包括的に示されたものといえる。指導計画については，文部科学省「幼児の思いをつなぐ指導計画の作成と保育の展開」（2021年）に，実践事例に基づき詳説されている。

◆26　前掲（◆3），pp.72-73.

◆27　厚生労働省「子どもを中心に保育の実践を考える──保育所保育指針に基づく保育の質向上に向けた実践事例集」2019年には，こうした取り組みが全14事例紹介されている。また，大豆生田啓友（編著）『「語り合い」で保育が変わる──子ども主体の保育をデザインする研修事例集』学研教育みらい（2020年）にも，こうした園の取り組みの実践事例が豊富に紹介されている。

◆28　記録は，エピソード記録，保育マップ型記録，保育ウェブ記録，そして，写真やICT（情報通信技術）を活用した記録として，ポートフォリオ，ドキュメンテーション，ラーニング・ストーリーなど，多彩な方法がある（本書第6章，第8章，第12章を参照）。

大豆生田啓友（編著）『倉橋惣三を旅する　21世紀型保育の探求』フレーベル館，2017年.

　日本の保育が大きな制度改革期にある今，保育実践をいかに創造していくか，倉橋惣三の保育理論の8つのキーワードを観点に日本全国16施設の最先端の実践事例を通じて，変化する時代においても変わらない「真」と新たになる「新」について考える一冊です。

津守真『保育者の地平──私的体験から普遍に向けて』ミネルヴァ書房，1997年.

　子どもの研究者である著者が，小さな私立養護学校に身をおき，人間学的立場から保育や保育者の仕事について，その実践と思索を綴った名著です。子どもがはじめた小さなことに目を留め，徹底して子どもの側に立ってその行為の意味を考える姿勢が貫かれています。

演習課題

M 本章第1節を読み，社会の変化や子育てニーズの多様化において求められる，質の高い幼児期の教育・保育について自身が理解したことをまとめよう。

V 本章のEpisode1〜3のうちどれかについて，自分なら保育者としてどのように子どもたちに関わるかを考えてみよう。

P 5歳児の遊びの指導の過程に関する資料（ワークシートに別添）をもとに，指導計画の改善を図るプロセスについて，意見を出し合ってみよう。

第**8**章

子どもの育ちと学びの可視化

Mission 「今を生きる子ども」の姿を記録し評価する意味・意義について知る。

Vision 「今を生きる子ども」が生涯の学び手として成長するための記録と評価の表し方を学ぶ。

Passion 子どものウェルビーイング（well-being）を保障する記録・評価と，子どもの権利を保障することとの関係性を大切にする。

・・・・・・・・・・・・・・・・・・

◆1 ウェルビーイング
（well-being）
幸福を意味する概念。肯定的な人生を歩む中で育まれる，社会的な健康状態を示している。また，世界保健機関（WHO）憲章の前文において「健康とは，病気ではないとか，弱っていないということではなく，肉体的にも，精神的にも，そして社会的にも，すべてが満たされた状態（well-being）にあることをいう」（日本WHO協会）と定義がされている。このことから，幸福とは単に個人が富や名声等に満たされた状態ではなく，他者や環境との相互作用の中で，自分らしく能動的な充足感を得ているということを示すといえる。

本章では「今を生きる子ども」のウェルビーイング（well-being）を保障し，かけがえのない乳幼児期の生活と学びを尊重するために，子どもの「心の声（子どもの姿）」に聴き入ることの重要性と，学びと育ちの可視化の意味と意義について学びます。

また，子どもが身のまわりの環境に出会い，共に育ち合うために大切な「子どもを理解する視点」についても学びを深めていきます。

第**1**節 今を生きる子ども

ここでは「今を生きる子ども」という視点から，子どものウェルビーイングを保障し，社会全体で幼い子どもの「心の声」に耳を傾けることの大切さについて学びを深めていきます。

1．子どもを一人の人間としてとらえる

フランスの思想家であるルソー（Rousseau, J. J.：1712-1778）は，著書『エミール』の中で，「人は子どもというものを知らない。…（中略）

◆2　J. J. ルソー，今野一雄（訳）『エミール（上）』岩波書店，1962 年，p. 18.

◆3　前掲書（◆2），p. 103.

…子どものうちに大人をもとめ，大人になる前に子どもがどういうものであるかを考えない」[2]と述べ，子どもを小さな大人として見る社会通念を否定し，「人間を人間として考え，子どもを子どもとして考えなければならない」[3]との立場を打ち出しました。そこには，目の前の子どもを一人の人間としてとらえ，人格者として今を生きる子どもとして向き合わなければならないとのメッセージが含まれています。それ以前は，子ども時代に意義があるというとらえ方はされていませんでした。つまり「今を生きる子ども」の大切さが，すでに 18 世紀のこの時代からルソーによって見出されたと考えることができるでしょう。

　そして現在，子どもの教育とは未来に対する準備のためにあるのではなく，今を豊かに生きるためにあると，より叫ばれるようになりました。それは，子どものウェルビーイングにつながる包括的で公平かつ公正な教育の姿でもあります。このような乳幼児期の最初に営まれる教育がいかに重要であるかということを，私たちはつねに考え続けなければならないでしょう。

2．"人生の始まりこそ力強く"

　乳幼児期における最初の教育は，人生の出発点において非常に重要な営みです。"Starting Strong"（人生の始まりこそ力強く）と提唱したOECD（経済協力開発機構）の報告書からも，その重要性は伝わってきます。この大切な時期に，大人の便宜を優先させ，心身の健全な発達が阻害されるような子どもの姿があってはならないでしょう。つまり，乳幼児の命を守り養い，その命を輝かせる営みこそ保育であるといえます。しかし，この子どもの命は，子どもだけで守ることはとても難しいことです。だからこそ，子どもの最善の利益を実現するために，「子どもの権利条約」[4]が誕生したのです。

◆4　子どもの権利条約については，本書第 1 章を参照。

　また，幼い子どもは，自分の置かれている状況に対して，その思いや考えを伝えるための術をもっていても，大人のそれとは異なることもよくあります。つまり，子どもの声に聴き入る大人の姿がないと，その声は社会の中に届きづらいものなのです。だからこそ，社会全体で幼い子どもの「心の声」に耳を傾け，かけがえのない乳幼児期において，豊かな育ちと学びを尊重し保障していかなければならないといえます。

3．文化の一員として成長する子どもの育ちと学び

　子どもの育ちにおいて大切な視点は，発達とは個人的な営みのみではなく，文化的な営みでもあるということです。ここでの文化とは，国民性や民族性，さらには，それぞれが生活する地域社会における文化や伝統への参加という視点も含んでいます。人は文化の一員として生まれ，文化の中で成長します。

　ロゴフ（Rogoff, B.：1950-）は，著書『文化的営みとしての発達』の中で，社会文化的発達論[5]の視点から「人間は，自らの属するコミュニティの社会文化的活動への参加のしかたの変容を通して発達します。そして，コミュニティ自体もまた変化するのです[6]」と述べています。乳幼児は，一人の市民として自分の属する地域社会の中でつねに関心と意欲をもって生活をしています。そのそばに応答し援助を行うことのできる大人がいると，さらにその参加のあり方は変容していくでしょう。これが乳幼児期における育ちであり学びの姿です。

　たとえば，図8-1の写真を見てみましょう。これは，ロゴフの先述の著書の中に示されている写真で，コンゴ民主共和国のエフェ族の生後11か月の赤ちゃんが鉈（なた）を使い上手に果物を割っているところです。

　日本で赤ちゃんに鉈をもたせる，それを扱えると考える大人はほとんどいないでしょう。ところが，コンゴのエフェの人々の間では，日ごろから赤ちゃんも安全に鉈を使っているのです。もちろん，赤ちゃんの後ろで注意深く見守る大人の存在があってのことですが，これがエフェの人々の文化なのです。ロゴフも「何歳でそのようなことができるようになるかは，子どもたちが活動を観察したりそれに参加したりする機会や，特定の技能の発達に対する文化的価値づけと大きくかかわっているのです[7]」と述べています。何歳になったら何ができるようになるという「ものさし」で子どもの育ちを測るのではなく，自分の属する地域社会において何をどのように実践し学んでいるのかを，子どもの育ちとしてとらえるのです。

◆5　社会文化的発達論　子どもの発達は，子どもを取り巻く社会的相互作用と文化によって大きく影響を受けている。たとえば，他者との交流が広がるにつれて，各々の文化の中に浸透している価値観や規範が相互に伝達され，子どもの発達にも影響を与える。つまり，発達を理解するということは，子どもの文化的背景をも理解することにつながるという見方である。

◆6　B.ロゴフ，當眞千賀子（訳）『文化的営みとしての発達——個人，世代，コミュニティ』新曜社，2006年，p.487.

◆7　前掲書（◆6），p.221.

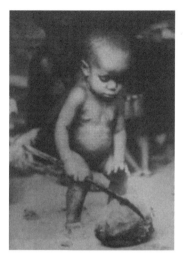

図8-1　鉈で果物を割るコンゴの赤ちゃん
出典：B．ロゴフ，當眞千賀子（訳）『文化的営みとしての発達——個人，世代，コミュニティ』新曜社，2006年，p. 4.

第2節　保育における観察と記録の意義

　ここでは，保育を可視化することの意味と意義について考えていきます。子どもの育つプロセスを可視化することが「今を生きる子ども」のウェルビーイングを保障することにつながるからです。

1．保育を可視化する

　子どもの生き生きとした育ちの姿をとらえるためには，社会文化的実践への参加とその変容の視点をもつことが大切です。しかし，一見しただけでは，子どもの行動や思いの意味を理解することは難しいでしょう。なぜなら，そこには多様な解釈が存在するからです。

　たとえば，図8-2の記録を見てみましょう。当初，M児（女児）はブロック遊びが好きであり，ままごとには興味を示していないと保育者は考えていました。ところが，子どもの人数の少ない土曜日，M児（女児）は黙々とままごと遊びに熱中していました。この様子を見た保育者は「これまで，ままごとには参加していませんでしたが，月齢の高い女児たちの遊びをずっと見ていました。本当は人形を使ってままごと遊びをしたかったのかもしれません」と，振り返りました。

◆8　社会文化的実践
人はコミュニティにおける文化的活動に参加し，相互に関わりながら発達するものであり，文化的活動も世代を超えた人々の関与によって発達的に変化するという視点からの実践である。

6月11日（水）
・M児はいつもままごと以外の遊びをしている。ブロックなどが好きで、ままごとには興味がない。
環境
・月齢の高い女児たちが、人形を使ってよく遊んでいる。人形は4体しかなく、残っていないことが多い。ままごとコーナーは多くの子どもが遊んでいることが多い。

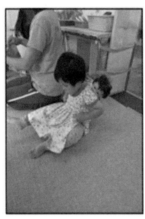

6月14日（土）
・本当はM児も人形を使ってままごとがしたかった。月齢の高い女児たちがしている遊びをじつは見ていた。
環境
・この日は土曜日で、2歳児は2人しか登所していなかった。争うことなく人形やままごとコーナーを使うことができた。

気づき
　興味がないと思っていたM児が、じつは興味をもっていたことがわかった。2枚目、たまたま土曜日で、2歳児も少なく、争うことなく人形やスカートなどを使うことができたため、本児の興味に気づくことができた。ということは、他にも、興味がないと思っている子どもにも、ただ争うことがいやだったり、コーナーに人が多く入りにくかったりして、遊びに参加していない子どもがいるかもしれない。
　コーナー遊びを充実させ、そこで遊ぶことのできる機会をつくると、他の子どもも違う姿が見えてくるかもしれない。

図8-2　ままごとがしたかった

　一見すると、このM児はままごとに興味がないように見えるかもしれません。しかし、幼い子どもの心の声に聴き入ることで、見えてくる姿がありました。すべては、子どもの心の声に心身を傾けようとする保育者の姿、観察の視点、記録の共有などが互いに作用し合って見えてきた姿です。さらに「もしかしたら、声に出さないだけで、他にも興味をもっている子どもがいるかもしれません」と、今後の保育の展開にまで及ぶ振り返りがなされました。
　幼い子どもは、つねに心の声で保育者に語りかけています。その表現方法はさまざまですが、表面的な子どもの行動にとらわれるのではなく、

子どもを観察し，対話を繰り返し，それを継続して記録することで聞こえてくる「心の声」に聴き入ることが，子どものウェルビーイングを保障することにつながるのでしょう。

2．子どもの姿の共有

保育の質を深めていくためには，子どもを理解しようとする保育者の姿が大切です。しかし，子ども理解に「正しい解釈」があるわけではありません。そこには多様な解釈が存在します。この多様な解釈が，じつは意義あることなのです。

まず，保育者は記録をした子どもの何気ない姿から，自分なりに行動の意味や学びの姿を考察します。その後，複数の保育者で共有し話し合いをします。このとき，結論を求めるのではありません。子どもはつねに自分の世界を切り拓こうとしています。その世界をそのまま受け止める大人の眼差しが，子どものウェルビーイングを育むのでしょう。つまり，複数の目で多様な解釈を共有することが大切なのです。

第3節　評価の変容

ここでは，子ども理解に基づいた評価の意義について学びを深めていきます。また評価の変容にもふれることで，何を目的に評価を行うのかという視点についても学んでいきます。

1．子ども理解に基づく評価

評価と聞くと，子どもの活動を数値化して評価し，ただ単に「できる」「できない」で判断するというイメージがあるかもしれません。しかし，現在の保育における評価はそうではありません。幼稚園教育要領解説では「評価は幼児の発達の理解と教師の指導の改善という両面から行うことが大切である[9]」としています。つまり，子どもの育ちの姿をどのように理解し，それに対照させ自分自身の援助や保育の展開は適切であったかどうかを振り返ることが評価であるとしています。そのため，子ども一人ひとりが豊かな育ちのために，適切な経験の機会に出会えているか

◆9　文部科学省「幼稚園教育要領解説」2018年，p. 97.
（2021年9月14日閲覧）

を確認し，つねに自分自身の保育を振り返りながら，評価を身近なものとして受け止めることが求められます。

　これまで，何歳で何ができなければならないという発達段階的アプローチの評価が用いられる時期もありました。そのときの評価は，知識やスキルの教えこみから「できないこと」に焦点が当てられていました。しかし現在は，子どもの育ちや学びは，環境やまわりの人々との相互的な関係の中で育まれるという見方を基盤に，一人ひとりの学びのプロセスに焦点が当てられています。これが子ども理解に基づく評価といわれるところです。これに関して，文部科学省は『幼児理解に基づいた評価』の中で「幼児を理解するとは一人一人の幼児と直接に触れ合いながら，幼児の言動や表情から，思いや考えなどを理解しかつ受け止め，その幼児のよさや可能性を理解しようとすることを指しているのです」[10]と述べています。

　このように，評価には子ども理解の側面と保育者による保育の振り返りという両面があります。子どもの真の姿を理解することと，保育者自身が保育を振り返り，それを次の保育へ生かしていくという営みが，子ども理解に基づく評価につながっていくのです。

2．プロセスの評価

　津守真（眞）は，著書『保育者の地平』の中で，「現在を充実して生きるとき，過去は変えられ，未来はその中から生み出される。…（中略）…子どもとともにいる『いま』をたいせつにすることが，保育の実践ではかなめをなす」[11]と述べています。保育において，目の前の子どもの姿こそが，最も大切にされるべき姿であり，子どものウェルビーイングが保障されている（満たされている）ときであるといえます。

　たとえば，表8-1の記録を見てみましょう。縁日ごっこでかき氷屋をしていたS児は，かき氷をつくりながらも，たまっていくカップに目をとめました。その後，黙々とカップ洗いに取り組みました。

　この状況を見た保育者は「本当はかき氷をつくりたいのではないか。誰も洗い物をしないからS児は自分の気持ちを言えず，しかたなく洗っていたのではないか」と思ったそうです。しかし，保護者との話の中で，家でも洗い物に興味をもっていることを知りました。つまり，自分の気持ちが言えないのではなく，しかたなくではなく，進んで洗い物を担当していたことがわかったのです。もちろん，洗い物に対して興味があっ

◆10　文部科学省『幼児理解に基づいた評価』チャイルド本社，2019年，p. 9.

◆11　津守真『保育者の地平──私的体験から普遍に向けて』ミネルヴァ書房，1997年，p. 289.

表8-1　洗わんとあかんやん（5歳　S児）

9月3日　10時ころ　場所：園庭
縁日ごっこをしようと，かき氷屋さんのお店の役をしていたS児，M児，I児。 　かき氷をつくることに集中して，お客さんに渡していたが，そのうちに食べたカップがどんどんたまってくる。 　S児は「こんなにたまってきたら，こまるやん」と言う。 　M児とI児は一瞬S児のほうを見たが，そのままかき氷づくりを続けていた。 　S児は「氷も水で洗わんとあかんやん」と言って，水をたらいに入れ洗いはじめる。スポンジを探してこすり，黙々とカップや氷を洗い続けていた。 　（夕方，保護者に話すと，家でも洗い物に興味があり，やらせているが，汚れがとれないと，スポンジやタワシなどで根気強く洗っているとのこと）
振り返り ・かき氷屋さんではつくる仕事もあるが，保護者の話を聞くと，洗うことにも興味があったことがわかった。 ・つくることも大事だが，洗い物がたまってくると困ることがわかり，洗う仕事を自ら選んでいた。

たことは確かですが，まわりの状況を判断し，かき氷屋へ遊びに来てくれる他の子どもやかき氷をつくっている仲間のことを思い，自らの責任として洗い物に取り組んだのでしょう。

　その後，保育者はかき氷をつくるだけではなく，その他にどのような仕事が必要であるかを子どもたちとの対話を通して考え，十分な洗い場のスペースを確保し，役割分担などを子どもと一緒に充実させていったそうです。意識をしなければ，記憶の片隅に追いやられる一場面だったかもしれません。しかし，目の前の子どもの今を大切に記録することで，さらに豊かなごっこ遊びへと発展させていくことができた事例です。

　ここでのS児は，自分の気持ちを表現できないのではなく，遊びの中において，自らの責任を果たそうとする姿として見えてきました。このように，遊びのプロセスを記録し，「ポートフォリオ[12]」としてそれを積み重ねることにより，S児への理解が深まり，それが評価へとつながったのです。子どもの姿を可視化し，積み重ねていくポートフォリオの存在は，プロセスの評価においてきわめて重要な意味があるといえるでしょう。

　最近では，イタリアのレッジョ・エミリア市に学び，子どもの探究する姿のプロセスを，スケッチや画像，ビデオやコメントとして残す「ドキュメンテーション[13]」に取り組む保育の現場も多くあります。これらはすべて，対話と関わりの姿が中心となっています。これに関しては，後ほどふれていきましょう。

◆12　ポートフォリオ
本来，ポートフォリオとは書類入れやファイルを意味する言葉であるが，保育の場においては，子どもの育ちの軌跡を追い，それを記録し積み重ねることを目的としている。これにより見えてくる子どもの姿がプロセスの評価の根幹を担っている。

◆13　ドキュメンテーションについては，本書第6章，第12章も参照。

3．次につながる評価

　子ども理解を深めるためには，子どもの姿を継続して記録することが大切です。なぜなら，断片的にとられた記録では，子どもの行動の意味や育ちのつながりは見えにくいからです。一定期間継続して記録すると，子どもの興味や関心，意味のある行動がじょじょに見えてくるようになります。

　また，記録した子どもの姿については，短期間での振り返りを行います。そこに，どのような学びがあるのか，どのような育ちの意味があるのかを書きためていくことで，子どもの育ちのプロセスが見えてくるようになります。つまり，子どもの学びに意味づけをしていくのです。すると，子どもの姿を記録することが楽しくなると多くの保育者は言っています。

　表8-2の記録を見てみましょう。これは一定期間継続してとられた記録です。

　保育者は「柵に顔を押しつけている段階で，複数の保育者と意見交換をすることなく，一人で判断していたら，本児のここまでの成長には出会うことはなかったと思います。複数の保育者との意見交換により"昨年の自分の様子を思い出している"という視点でとらえることができました。これにより，本児の興味や関心にも気づくことができました。さらに，保育の次の展開への見通しも立てやすくなり，結果，友達と一緒にプール遊びを楽しむまでに発展することができました」と話しています。

　記録をとり，複数の目で共有し解釈する営みが，次の保育へとつながる評価になるのでしょう。まずは，目の前の子どもと向き合い，子どもの行動を記録し，そこに学びの意味づけを行いながら，毎日を楽しく過ごしてみましょう。きっと，すてきな子どもの姿に出会い，子ども理解は深められていくことでしょう。

表8-2　プールに入れた！（1歳女児　M保育所）

観察記録①　7月24日（火）
《子どもの記録》 ・水着に着替えはじめると泣いてしまう本児。 ・「プールがいやだったら先生と水をさわって遊ぼうか？」と誘うと，泣くのをやめ保育者と一緒にテラスに出ることができた。しかし，テラスに出ると泣いていたので，水のかからないプレイハウスや0，1歳のたらいプールの近くに誘った。 ・すると，昨年入っていた，一人で入るたらいプールの様子を食い入るように見つめていた本児であった。
《保育者のコメント》 　はじめは，柵に顔を押しつけること自体を楽しんでいるのかと思っていた。しかし，複数の保育者と観察したり意見交換をするうちに，「昨年はたらいプールに一人で入っていたのに」と羨ましく見ているのではないか，という本児の思いが見えてきた。
《次への展開》 　一人ならプールに入ることができるかもしれないので，機会を見て誘っていきたい。
観察記録②　7月25日（水）
《子どもの記録》 ・ほとんどの子どもが入室した後，自らペットボトルのジョウロを両手にもって，ベビーバスの水をくみ，足をぬらしながら夏野菜にかけて遊ぶ本児の姿があった。 ・ビニールプールに「一人だけで入る？」と聞くと，「うん」とうなずきプールに入る。 ・着替えのときに「プールに入れたね！」と話すと，嬉しそうに笑う本児だった。
《保育者のコメント》 　水がかかることはいやではなかったことや，一人ならプールに入れることが，観察を続けることを通してわかった。
《次への展開》 　一人でプールに入ることで，自信につなげていきたい。保護者にも本児の姿や成長を伝えていく。
観察記録③　8月3日（金）
《子どもの記録》 ・友達がプールに入り，はしゃぐ様子をプールの外から見つめる本児。 ・プールに入っている子どもたちが，保育者に水をかける遊びがはじまり，保育者が「キャー」と逃げるまねをして遊び出すと，笑って見ていた本児。 ・本児に「Sちゃんもプールに入る？」と聞くと，「うん」と言って友達と一緒に入ることができた。 ・友達と一緒に保育者に水をかける遊びを楽しみ，声を上げて笑い，入ることができた。
《保育者のコメント》 　友達やプールの様子等，興味をもってよく見ていることがわかった。友達が笑うと，本児も共感し笑って見ていた。
《次への展開》 　プールに入れる自信や満足感を味わえるようにする。友達と入る楽しさが感じられるような遊びを工夫していく。
観察記録④　8月9日（木）
《子どもの記録》 ・「ね〜。バシャバシャしよ」と，本児が友達に声をかけ，リーダーとなって水しぶきをたてる遊びを楽しんでいた。 ・カエルのようにジャンプするのも「先生，見ててな」と声を出し，自信を見せていた。給食のご飯の食べ方も，大きな口で「見ててな」と食べる姿につながっていった。
《保育者のコメント》 　プールで友達と思いっきり遊ぶことができた満足感が，苦手なものへ挑戦する力になっていく姿を見ることができた。
《次への展開》 　本児が感じた自信や満足感を見逃さず，一緒に共感していきたい。

　その後，この1歳女児は，年長さんと一緒に大きなプールで「ワニさん歩き」をしながら，水遊びを楽しむまでになった。

さらに学びたい人のために

ピーター・レイノルズ，谷川俊太郎（訳）『てん』あすなろ書房，2004 年.
　主人公のワシテは絵が不得意でしたが，教師はそれを認め，ワシテが紙に描いた１つの「・(てん)」にサインを求めました。小さな「・(てん)」でしたが，子どもが育とうとする力に絶対的な信頼を寄せ，希望のまなざしで見守る教師の姿がありました。このような大人でありたいと感じさせる絵本です。

津守真『子どもの世界をどうみるか──行為とその意味』日本放送出版協会，1987 年.
　日々の生活の中で，子どもの世界はどのようにして理解され，その世界はどのように育つのかを課題に，子どもと共生する保育論を展開しています。とくに，「私共は子どもの世界に投げ込まれている」という一節は胸をうたれる箇所です。

 演習課題

 M　「今を生きる子ども」の姿を記録し評価する意味・意義について自身が理解したことをまとめよう。

V　「今を生きる子ども」が生涯の学び手として成長するための記録と評価の表し方について，学びを深めよう。

P　子どものウェルビーイング（well-being）を保障する記録・評価と，子どもの権利を保障することとの関係性について話し合おう。

第III部

子どもと生きる保育の世界の拡がりへ

第9章

保育内容の多様性

Mission 子どもの権利の視点から，多様性の尊重の重要性について知る。

Vision 自分の住む地域や育った地域の特徴をはじめ，文化の意味について学ぶ。

Passion 多様化する保育ニーズの中で「互いに尊重する心もち」を大切にする。

● ● ● ● ● ● ● ● ● ● ● ● ● ● ● ● ● ●

　近年，子どもを取り巻く環境は大きく変化しています。少子高齢化とともに，産業構造の変化や人口の都市集中，核家族化や女性の社会進出など，これらは子育て環境や子どもの育ちにも大きな影響を及ぼしています。このような社会環境の変化から，保育サービスに対する要望も広範囲，かつ多様化している現状にあります。また，親と同居しない夫婦が増えている中，親や親族，知人などに子どもを預けることも困難となっているため，安心して子どもを預けられる保育サービスの拡充が求められています。さらに，共働き家庭にあっては，子どもの突然の発熱や病気により親が仕事を休まざるを得ない場合もあり，仕事と子育てを両立させるうえでも，保育サービスへの期待はますます高まっています。そこで，本章では，一人ひとりの子どもの育ちや背景にある家庭の状況をふまえたうえで，保育者に期待されるさまざまな役割について考えていきます。

第1節 多様化する保育ニーズ

　ここでは，多様化する保育ニーズに応じて展開される保育の実態から

学びを深めていきましょう。

1．すべての家庭と子どものための支援を目指して

　日本における保育の場は，大きく分けると，幼稚園，保育所，認定こども園の3つです。冒頭でも述べたように子どもと保護者を取り巻く社会環境は目まぐるしく変化していることから，幼稚園，保育所，認定こども園に求められる役割も広く多様化しています。

　そうした中，幼児期の学校教育や保育，地域の子育て支援の量の拡充や質の向上を進めていくために，2015年4月より「子ども・子育て支援新制度」がスタートしました。新制度では，必要とするすべての家庭が利用でき，子どもたちがより豊かに育っていける支援を目指し，さまざまな取り組みが進められています（図9-1）。[1]

　その取り組みの中で，子どもの権利を保障することは，保育の質の探究であり，保育者の使命であるといえることでしょう。

◆1 「子ども・子育て支援新制度」の詳細については，下記資料を参照。こども家庭庁「子ども・子育て支援制度　制度の概要等」

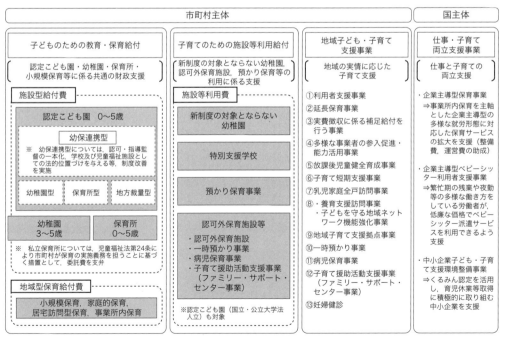

図9-1　子ども・子育て支援新制度の概要
出典：内閣府「子ども・子育て支援新制度について（令和3年6月）」2021年.

2．延長保育（長時間保育）

　多様化する保育ニーズの中で，子育て支援施策の整備に向けて，各市町村は懸命に取り組んでいます。ここでは子育て支援施策の一つである延長保育（長時間保育）について考えてみましょう。

　就労形態の多様化等にともない，やむを得ない理由により，保育時間を延長して子どもを預けられる環境が必要とされています。こうした需要に対応するため，保育認定を受けた子どもについて，通常の利用日および利用時間帯以外の日・時間において，保育所，認定こども園等で引き続き保育を実施することで，安心して子育てができる環境を整備し，子どもの福祉の向上を図ることを目的として，延長保育事業が実施されています。[2]

　中には，夜間に就労する保護者と子どものために，家庭生活を補完する役割として，夜間保育を実施している園もあります。このように，最近では保護者の就労形態の多様化や女性の社会進出の増加に伴い保育時間は長時間化する傾向にあります。昨今の社会状況をふまえると延長保育事業の拡充は必要かもしれません。

　しかし，それは通常の保育の単なる付け足し時間ではありません。延長保育（長時間保育）の時間において，乳幼児にふさわしい生活と育ちを保障していく責任が保育者にはあるのです。

　そのためには，職員の協力体制が大切になってきます。職員間のコミュニケーションをつねに心がけ，全員で一人ひとりの子どもを見守っているとの気持ちを忘れず，とくに子どもの引き継ぎ時においては，具体的に健康状態や興味関心等，子どもの様子を語り，安全で安心して過ごせる環境構成を配慮しなければなりません。また，家庭との連携も欠かすことはできません。子どもの生活を家庭と保育の場で連続させるためにも，子どもの様子などの情報はつねに家庭と共有し，保護者が子育ての喜びと尊さをもてるよう支援を行うことが大切です。

　日々の子どもの育ちを丁寧に伝え，その育ちを共に喜び共有できる連携の姿を心がけましょう。

3．一時預かり

　保育所等を利用していない家庭においても，日常生活上の突発的な事情や社会参加などにより，一時的に家庭での保育が困難となる場合があ

◆2　延長保育事業の詳細については，下記資料を参照。
「延長保育事業実施要綱」
（改正　令和2年4月1日）

◆3　一時預かり事業の
詳細については，下記資
料を参照。
「一時預かり事業実施要
綱」(改正　令和3年4月
1日)

ります。また，核家族化の進行や地域のつながりの希薄化などにより，
育児疲れによる保護者の心理的・身体的負担を軽減するための支援が必
要とされています。こうした需要に対応するため，保育所，幼稚園，認
定こども園その他の場所において子どもを一時的に預かることで，安心
して子育てができる環境を整備し，子どもの福祉の向上を図ることを目
的として，一時預かり事業が実施されています。[3] 幼稚園においては，幼
稚園教育要領の中で「教育課程に係る教育時間終了後等に行う教育活動
など」と位置づけられています。保育内容としては，家庭でくつろいで
いるような，ゆったりとした雰囲気の中で，子どもがしたいと思う遊び
を尊重して，無理のない生活リズムの中で過ごすことなどを大切にした
いものです。

　このように，子育て支援事業として一時預かりが実施されるようにな
り，それは地域の実態や保護者の要望に応じて，希望者を対象に広く行
われるようになりました。利用の目的はさまざまですが，兄弟姉妹の学
校行事や保護者会，課外活動等のときに利用したり，育児中のリフレッ
シュのために利用したりと，子育て支援として大きな役割を果たしてい
ます。さらに，保護者からは「安心して預ける場所ができた」「ゆとり
をもってわが子に接することができる」などの声も聞かれ，家庭と園と
が共に子育てに参加するとの意識向上にも貢献できる機会となっていま
す。

第2節　多様性が尊重される保育

　ここでは，「(他者と)共に生きることを学ぶ」ことを中心に，多様性
について考えていきます。とくに，保育の場において，共に生きること
は，子どもにとって育ちと学びの原点であるととらえ，その理解を深め
ていきます。

1．多文化の尊重

　多文化の尊重というと，国籍や人種の違いをイメージされやすいです
が，それだけではありません。一人ひとりの文化背景（生活様式）や宗
教，ジェンダー，身体的な性質等，その人のありのままの姿が受け入れ

られ，認められ，価値が置かれることです。すなわち，一人ひとりが幸せに生きることが保障されることです。そのような社会を目指すために保育の場で，どのようなことに配慮をして実践したらよいのか，考えていきましょう。

　保育所保育指針には「子どもの国籍や文化の違いを認め，互いに尊重する心を育てるようにすること[4]」とあります。一つ前の改定（2008年）には，人間関係の領域に「外国人など，自分とは異なる文化を持った人に親しみを持つ」と明記されていました。しかし，2017年の改定でその文章は削除され，「保育の実施に関して留意すべき事項」において，互いに尊重する心の育ちが強調されました。文化の違いにおいても，国籍や言葉の違いの他に，「どの家庭にもあるそれぞれの文化を尊重することが必要である[5]」と記されています。このように，自分が当たり前のように育ってきた家庭や地域にもそれぞれ異なる文化があり，それを認識し，尊重する心を育てることが多文化の尊重にもつながるという見方です。そのため，保育者は「自らの感性や価値観を振り返りながら，子どもや家庭の多様性を十分に認識し，それらを積極的に認め，互いに尊重し合える雰囲気をつくり出すことに努めることが求められる[6]」のです。

　さらには「子どもの性差や個人差にも留意しつつ，性別などによる固定的な意識を植え付けることがないようにすること[7]」とあるように，保育者は，つねに自己の価値観や言動を省察し，保育において相互理解を深めていく姿勢が求められるでしょう。

◆4　厚生労働省「保育所保育指針」第2章「保育の内容」4「保育の実施に関して留意すべき事項」(1)「保育全般に関わる配慮事項　オ」2017年.

（2024年7月1日閲覧）

◆5　厚生労働省「保育所保育指針解説」2018年, p. 295.

（2024年7月1日閲覧）

◆6　前掲（◆5）.

◆7　厚生労働省「保育所保育指針」第2章「保育の内容」4「保育の実施に関して留意すべき事項」(1)「保育全般に関わる配慮事項　カ」2017年.

 Episode 1　国際結婚をした家庭の里帰り

　インド人の父と日本人の母をもつA男は，日本の保育所に通園していました。3歳のときから2年間父親の祖国であるインドに帰ることになりました。母親は息子をインドの両親へ会わせることができると喜んでいましたが，その一方で心配なこともありました。それは日本へ戻ってきたとき，文化や習慣の違いに子どもが戸惑わないかということでした。保育所の先生は「子どもは柔軟ですから，きっと両方の文化を受け入れますよ」と話していました。

　2年後，日本に帰ってきた家族は，幸いなことに以前と同じ保育所へ入ることができました。5歳になったA男はヒンディー語と片言の日本語を使い，給食は手で食べるという姿でした。保育者は，インドの食事マナーを尊重するか，箸を使うことを教えるべきかと葛藤しつつ，箸で食べるように教えることに至りました。

　保育者は，多文化を尊重しつつも，手で食べるという姿に戸惑いを感

じていました。そこで，男児にはお箸を使って食べるように援助をしました。

　しかし，後に保育者は「自分は多文化を尊重していると思っていましたが，結局は自分のやり方を押しつけていただけでした」と振り返りました。なぜなら，それは援助ではなく，手で食べることをやめさせるための行動であったことに気づいたからです。世界にはさまざまな食事のスタイルがあります。たとえば，お箸やナイフ・フォークを使う文化もあれば，手で食べる文化もあります。椅子に座って食事をする文化もあれば，立ったままでの食事，地面に直接座っての食事など，そのスタイルやマナーは多岐にわたります。今回の場合も，もっと広い視点から食文化やマナーについて子どもと語り合う機会があれば，それが多様な文化を知るよい機会になったかもしれません。

　多文化の尊重とは，単に相手を尊重するだけではなく，相互に認め合い尊重し合っていく過程に，本当の共生が育まれるのでしょう。

Episode 2　地方から引っ越しをしてきた女児

　父親の仕事の関係で青森から関西へ引っ越してきた家族は，さっそく，娘を幼稚園へ入れました。降園時「さようなら」と挨拶をしたとき，入園して間もないB子から「へばね」との言葉。保育者が「もう一度教えて」と言葉をかけると，B子は「へばね」と言いながら手を振ったので，それが「さようなら」を意味していることを察しました。それから保育者は，時々B子から出る自分が耳にしたことのない言葉を集め，どのように子どもたちと日々の保育に生かせるのかと思いめぐらしていました。

　同じ日本でも地方によって文化の営みは変わってきます。子どもたちは女児の言葉を聞き，それが自分たちの使わない言葉であったため，はじめは違和感を覚えました。しかし保育者は，それを自分たちと違う言葉や文化に触れる機会であるととらえ，子どもたちと一緒に考え，調べることをはじめました。たとえば，世界にはさまざまな言葉があること，日本の中でも地域によって言葉や習慣が異なること，衣食住にも違いがあることなど，子どもたちの世界は広がり，もっと知りたいと思うようになったそうです。

　多文化の尊重とは，相手の文化を知りたいとの思いからも深められるものです。

2．互いに尊重する心の育ち

　多文化を尊重し共に生きる社会とは，一人ひとりの違いを認めながら，共に過ごすことに喜びを見出し，楽しむ社会を目指すことです。

　ユネスコの21世紀教育国際委員会の報告書「学習：秘められた宝」[8]では「学習の四本柱」が示され，知ること，為すこと，共に生きること，人として生きることを教育の基本的な柱として掲げました。その中で「共に生きること」とは，異文化や価値の多様性を認識し，尊重することであることが強く主張されています。つまり，共に生きる社会の中で他者を認識し理解することの必要性が問われているのです。そのためには，まず自らの育ちや文化を自覚することが大切になります。なぜなら，自分を相対化することで，はじめて他者という存在に気づき，自分自身が見えるようになるからです。こうしたことは自分理解と他者理解につながる過程でもあるでしょう。

　「子どもの国籍や文化の違いを認め，互いに尊重する心を育てるようにする」[9]ためにも，一人ひとりが乳幼児期のはじめから深い愛情に包まれ，自立していく姿を支えていくことも保育者の役割でしょう。

3．保護者への配慮

　子どもとの関わりの中で，忘れてはならないのが保護者への配慮です。保護者の視座を考慮した支援があってこそ，子どもの育ちの多様性は尊重されるのです。とはいえ，実際に支援を行う中では，さまざまな課題や困難と対峙する場面も多くあるでしょう。たとえば，相手の文化や抱えている葛藤，不安，戸惑いなどを理解しようとするときなどです。すぐに解決には至らないかもしれませんが，保育者と保護者が共に子どもの育ちを見守ることで，子どもは安心して，今を生きることになりましょう。

◆8　21世紀教育国際委員会は1993年はじめに発足し，ヨーロッパ，北米，アフリカ，南米，アラブ地域およびアジアにおいて会合を重ね，1996年4月にユネスコ「21世紀教育国際委員会」報告書として「学習：秘められた宝」が提出された。

◆9　前掲（◆4）。

（2024年7月1日閲覧）

Episode
3　保護者どうしの関係から広がる多文化の交流

　日本語をほとんど話すことができないフランス人の母親は，日々のコミュニケーションに困難を覚えていました。遠足の前日，持ち物に関して保育者に質問をしていましたが，なかなか伝わらない様子でした。そのとき，フランス語を話せる母親が「手伝いますよ」と通訳を引き受けてくれました。これをきっかけに母親どうしの関係が深まり，保育者の協力もあって，子

どもを預けている間にフランス語教室が幼稚園で開かれるようになりました。

　　不安や戸惑いを覚えていたフランス人の母親が，一人の保護者に助けられ関係性が深まっていった事例です。

　　保護者支援のあり方は状況によってさまざまです。たとえば，今回のように保護者どうしで支援し合う姿もあれば，園内の掲示物等に母語で訳をつけるという支援もあります。また，保護者どうしの関わりを見すえた援助として，郷土料理や母国の家庭料理等クッキングの機会を提案提供するということもその一環といえるでしょう。

　　このように，子どもを取り巻くすべての人々が相互に認め尊重し合い，不安や戸惑いを覚えている人に対して，さりげなく対応できる姿こそ，多様性の尊重と共に生きる保育実践であるといえることでしょう。

さらに学びたい人のために

レイチェル・カーソン，上遠恵子（訳）『センス・オブ・ワンダー』新潮社，1996 年.
　自然の美しさや神秘をじっと観察することの楽しさが描かれており，あらゆる生き物が互いに関わり合いながら暮らしているということ，どんなに小さな命でも大切であるということが感じられる一冊です。

たばたせいいちほか『さっちゃんのまほうのて』偕成社，1985 年.
　自分の障害を受け入れ，前向きに生きていく女の子の話です。その女の子を見守る両親のまなざし，幼稚園の友達や先生との交流など，互いに思いやる心を感じることができる一冊です。

演習課題

M　子どもの権利の視点から，多様性の尊重の重要性について自身が理解したことをまとめよう。

V　文化とは何か，その不易流行について自分の育成歴をもとに調べ，考えてみよう。

P　保育の場において「互いに尊重する心を育てる」ことの重要性と難しさについて話し合おう。

第10章

すべての子どもがつながりの中で育つ保育
インクルージョンの実現に向けて

Mission 保育の場でインクルージョンを実現することの大切さや，その実現に向け求められる保育と保育者の配慮について知る。

Vision 保育を受ける権利が十分保障されているとはいいがたい子どもや子育て家庭の状況を理解し，個人の尊厳が守られる保育を具体的にどう実現していくかを学ぶ。

Passion 見えないところで自分らしく生きることを阻まれている子どもに思いをめぐらせ，保育者として何ができるか，何を大切にしたいかを考える。

・・・・・・・・・・・・・・・・・・・

◆1 インクルージョンを実現する保育は，一般的に「インクルーシブ保育」と呼ばれている。インクルーシブ保育は今日のSDGsとも密接に関係しており，すべての子どもの権利を保障するために求められる保育のあり方の一つである。

　本章では，インクルージョンを実現するための保育について考えたい[◆1]と思います。子どもたちは一人ひとり異なる存在です。そのため，必要な配慮も個々に異なります。障害のある子ども，医療的ケアや病児保育を必要とする子どもなど，生活の中で子どもの育ちの保障に向けた特別な配慮が必要となる子どもたちがいます。

　子どもの育ちは他者との関わりやつながりの中で促されます。保育の場では互いの存在が個々の中にある育ちの力を引き出し合い，育ち合う姿が多く見られます。また，保育の場で育ち合うのは子どもだけでなく保護者や保育者も同様です。

　インクルージョンの実現に向け，どのような保育が求められるのか考えてみましょう。

第1節 インクルージョンとは

1. 育ち合う保育：インテグレーションからインクルージョンへ

　すべての子どもたちは命を授けられこの世界に誕生しました。それは

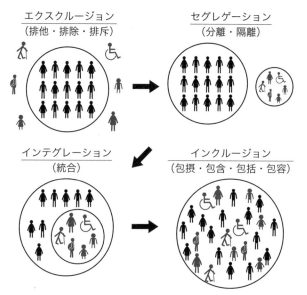

エクスクルージョン
（排他・排除・排斥）　　　セグレゲーション
（分離・隔離）

インテグレーション
（統合）　　　インクルージョン
（包摂・包含・包括・包容）

図 10 - 1　エクスクルージョンからインクルージョンへ

出典：荒巻恵子『インクルージョンとは、何か？──多様性社会で
の教育を考える』日本標準，2019 年.

　かつて子どもだった私たちも同様で，みなさんも，みなさんがこれから
出会う子どもたちも，誰一人として例外なくこの世界でかけがえのない
たった一人の存在です。たった一人の存在であるということはすべての
人が異なっているということです。当たり前のように思うかもしれませ
んが，今一度，そのことの豊かさと意味を感じ，考えてみてほしいと思
います。

　みなさんはインクルージョンという言葉を聞いたことがあるでしょう
か。図10-1はインクルージョンに関連した用語が図解化されたもので
す。この図にはエクスクルージョン（exclusion：排他・排除・排斥），
セグレ（リ）ゲーション（segregation：分離・隔離），インテグレーショ
ン（integration：統合），インクルージョン（inclusion：包摂・包含・
包括・包容）という4つの私たちの状態像が示されています。

　エクスクルージョンは大きな円の内側にいる人と外側にいる人が描か
れています。この図では大きな円から子ども，女性，妊娠している人，
杖をつく人，車いすを必要とする人たちが排他・排除・排斥されている
状態になっています。なぜ，このような状況が生まれるのでしょうか。
次に，セグレゲーションでは大きな円と小さな円の2つの円が離れて存
在しています。なぜ，離れて2つの円が存在することになったのでしょ
うか。次のインテグレーションでは大きな円に小さな円が統合されてい
ますが，セグレゲーションのときと同様，小さな円は消えていません。

物理的には一見，1つの円の中に包摂されているように見えますが，小さな円の境界線が存在しています。この境界線は何を意味し，私たちにどのような影響を与えるでしょうか。そして，インクルージョンですが，1つの大きな円の中でかけがえのない個々が交わり，存在しています。円を社会にたとえると，1つの大きな社会に人々が存在することはインテグレーションもインクルージョンも一見，同じ状態ととらえられます。しかし，インテグレーションとインクルージョンの違いは何でしょうか。それは，互いを身近に感じ，関わりながら生活する状況に開かれているか否かです。この違いは非常に大きなものです。

　子どもが育つうえで他者の存在は非常に重要な意味をもちます。保育の場では友達に刺激を受け，自らもやってみようとする意欲が生まれ，積極的に外界に関わりながらもって生まれた力を発揮して育つ姿，育ち合う姿があふれています。世界にたった一人の子どもたちがその子らしさを発揮して育つには，関わりの保障が不可欠になるのです。

　関わりが生まれるには共にある・いるという状態が必要です。互いが互いを感じることでおのずと双方に変化が生まれます。すべての人が共に育つ，育ち合うためには，異なる者どうしが自然とお互いを感じ，思い，共に心地よく生きていくために必要なものを生み出していく機会に日常的に開かれていることが必要です。この点にインテグレーションとインクルージョンの大きな違いがあり，インクルージョンの実現に向けた，共に育つ・育ち合う保育について考える意義があります。

2．生活の中で特別な配慮を必要とする子どもと，子どもの権利を守る保育

　世界にたった一人の存在であるすべての子どもたちは言うまでもなく特別な存在です。そして，すべての子どもは自己の力を発揮して生きるために必要な配慮と援助を受ける権利があり，保育者は個々の子どもに応じた関わりを行う必要があります。言い換えれば，すべての子どもたちが自分らしさを発揮して育つため一人ひとりに合わせた配慮や援助を生み出すのが保育者の役割といえるでしょう。

　そしてそのうえで，他者との関わり，つながりの中で育つ権利を保障するための特別な配慮を必要とする子どもたちがいます。障害のある子ども，医療的ケアや病児保育を必要とする子ども，そして外国にルーツをもつ子どもや夜間におよぶ長時間の保育を必要とする子どもたちなどです。子どもたちは自らが育つ環境を先に生きる大人たちにゆだね

◆2　外国にルーツをもつ子どもや夜間におよぶ長時間保育を要する子どもたちへの保育については，本書第9章を参照。

131

状態で生まれてきます。私たち保育に携わる者は子どもたちから命を託されているのです。

　すべての子どもは生きる権利，育つ権利，守られる権利，参加する権利をもつ主体者であり，私たちは子どもの権利を保障する主体者でなければなりません。すべての子どもは命が守られ，他者との関わりの中で成長する権利があります。不適切な状況から守られ，自由に意見を表す権利があるのです。そして，子どもどうしが関わり合い，つながりの中で育つ場として保育所，幼稚園，認定こども園をはじめとする保育施設が社会の中に存在します。

　しかし，現実には特別な配慮が必要になることを理由に入園することができない子どもがいます。その一方で，特別な配慮を必要とするために 30 か所以上の園に入園を断られた子どもを受け入れる園も存在します。この園に入園することのできたある子どもはつねに呼吸器と酸素ボンベが手放せず，入園時（5 歳）にはほとんど話をしなかったのが，入園後，見違えるようにおしゃべりになったといいます。同年代の子どもたちとの関わりの中で育ちの力が豊かに引き出されたのでしょう。

　誰一人排除することなく，すべての子どもの育ちを保障する保育を実際に行うためには，何が必要になるでしょうか。子どもの権利を保障することに対する責任感，覚悟，勇気といった思いがなければ保育の場からインクルージョンを実現していくことは困難です。しかし，思いだけでは十分とはいえません。保育の場ですべての子どもの育ちを保障するインクルージョンを実現するには，特別な配慮を必要とする子ども理解に基づく援助を生み出すための，障害・医療的ケア・病児保育などに対する適切な理解と，園内外における連携・コミュニケーションが不可欠です。すべての子どもの育ちと学びを保障する思いを起点にまずは大人がつながり，動く。インクルージョンの実現に向けた大人どうしのつながり，関わりの力がすべての子どもの育ちを保障する保育へとつながっていきます。

◆3　佐藤和夫『みんな違って，みんないい──なぜ柿の実幼稚園に親がみんな入園させたがるのか』あさ出版，2020 年.

第**2**節　生活上の困り感のある子どもへの保育

1．障害のある子どもへの保育

　障害とは一体，何を指すのでしょうか。障害とはどこに存在するのでしょうか。児童福祉法では障害児の定義を身体障害，知的障害，発達障害を含む精神障害，または治療方法が確立していない疾病やその他の特殊の疾病のある児童としています。[4]

　かつて，障害は個人に帰属する問題ととらえる「医学モデル」が一般的でしたが，障害は環境や社会のあり方によって生み出されるものであるとする「社会モデル」が生まれました。すべての子どもが十分に自己の力を発揮して他者と関わり，つながりながら生きていくために求められる環境や社会とはどのようなものでしょうか。

　園や地域にスロープやエレベーターをはじめとするバリアフリーの環境や，公園にユニバーサルデザインの遊具などがあれば[5]，友達と関わりながら育つ権利が保障され，その子らしさを発揮して生きることを妨げる障害を取り除くことができます。同じ機能障害がある子どもでも，環境によって活動・参加の機会や経験の質が異なります。物的・制度的な環境を整えることで，すべての子どもが集える場が生まれ，そこで次第に互いが関わり，知り合うことで，つながり合って生きられる私たちになっていくことができます。このことがまさにインクルージョンの実現です。環境により出会う人や経験，生活が変わり，そのことによって私たちの意識に変化が生まれ，社会も変わっていくのです。つまり，環境を含めた障害の評価という視点を保持することが重要になるのです。

　このような観点から，世界保健機関（WHO）は，障害に対する国際的な分類の指標として，国際生活機能分類（International Classification of Functioning, Disability and Health：ICF）[6]を2001年に採択しました。これまでに用いられていた指標（International Classification of Impairments, Disabilities and Handicaps：ICIDH）では「能力障害」「社会的不利」といった用語が用いられ，マイナス面を見る分類でしたが，ICFでは「活動」「参加」といった表現が用いられています。そして，とくに環境面に大きく光を当て，環境を変化させることでその人らしく生きることを阻む障害を取り除き，すべての人の生活が豊かになること

◆4　児童福祉法第4条第2項

◆5　インクルージョンの実現に向けた環境整備については，以下のような記事も参照。
「誰もが楽しめる『インクルーシブ』な公園　求められる当事者の視点とは？」（AERAdot. 2020年1月25日）

（2021年6月10日閲覧）

「車いすバービー登場に喜びの声　『自立したアクティブな存在』」（AERAdot. 2019年10月21日）

（2021年6月10日閲覧）

◆6　国際生活機能分類（ICF）については，下記資料を参照。
WHO「国際生活機能分類──国際障害分類改定版」

を目指しています。

　身体障害，知的障害，発達障害を含む精神障害，または難病のある子どものもつ力を引き出す保育を行うには，まずはそれぞれの障害や疾病についての知識と理解を深める必要があります。しかし，障害の診断名に応じた支援方法を熟知していればよいということではありません。ある方法論を知識として保持していることにより，診断名を聞いただけで自動的に子どもへの関わりや支援のあり方を決めつけてしまったり，一人ひとり異なる子どもをある枠組みで理解しようとしたりする危険性があることについても，自覚的である必要があります。障害のある子どもへの保育を行ううえで大切なことは，障害への正しい知識を保持するとともに，すべての子どもは異なり，目の前の子どもは世界でたった一人の存在であるという基本を保持し，個々の豊かさを発見していくことといえます。

　「この子は何が好きで得意なのかな」「今，何をしたいと思っているのだろう」「何に困っていて，どのように関わりや環境を工夫すればこの子の力が発揮できるのだろうか」。保育者は障害の診断名ではなく，その子を理解しようとし，共にある・いることから目の前の子どものもつ力に着目し，関わりを生み出していくことが必要です。その子の行動の意味，得意なこと，生活の中でどんなことに困っているのかなどを発見し，どうすればその子が自分らしくいられることにつながるかを探っていくことに，保育者としての誇りをもって取り組むことが大切です。

　「ママ，僕生まれてごめんね。僕はいない方がよかったね」。これは赤ちゃんのころからおもちゃをもつ手がなんとなく気になり，歩くときに転びやすく，言葉も遅めだったため病院での検査をすすめたところ，軽い脳性麻痺があったことが判明した中学2年生の言葉です[7]。その子は小学校からみんなと同じようにできないとき，「そっちで見てて」「そこで見てて」と，そこにいるにもかかわらず，いないのと同じように扱われてずっと過ごしてきたといいます。「だからママ，僕は居ても居なくても同じことなんだよ」という言葉を私たちは決して子どもに生み出させることがあってはなりません。この世界にたった一人のその子が生きる喜びを感じる保育を行い，社会に発信していく必要性を強く感じます。

2．医療的ケアが必要な子どもへの保育

　医療の進歩により，かつては助けることのできなかった多くの命をこ

◆7　井桁容子「発達障害児である前に，ひとりの子どもである」白梅学園大学子ども学研究所（編）『発達障害の再考——支援とは？　自立とは？　それぞれの立場で自分にできることを問う』風鳴舎，2014年，pp. 29-30.

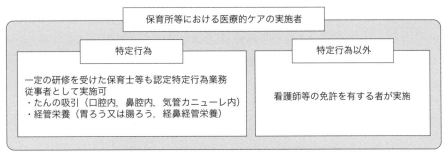

図 10 - 2　医師の指示のもとに保育士等が行うことができる医療的ケア
出典：保育所等における医療的ケア児への支援に関する研究会「保育所等での医療的ケア児の支援に関するガイドライン」2021 年.

◆8　「『医療的ケア児に対する実態調査と医療・福祉・保健・教育等の連携に関する研究』の中間報告」2016 年，p. 9.

（2021 年 8 月 8 日閲覧）

◆9　児童福祉法第 56 条の 6 第 2 項

◆10　下記資料を参照。「『医療的ケア児及びその家族に対する支援に関する法律』について」2021 年.

◆11　保育所等における医療的ケア児への支援に関する研究会「保育所等での医療的ケア児の支援に関するガイドライン」2021 年.

（2024 年 7 月 1 日閲覧）

の世に迎えることができる時代になりました。それにともない，日常的な医療的ケアを必要とする子どもたちも増えてきています。また，人工呼吸器を必要とする子どもの数も増加傾向にあり，0 〜 19 歳までの医療的ケアを必要とする子どもを 5 歳ごとの年齢群別で比較すると，0 〜 4 歳群が最も多く，かつ年齢を経ても呼吸器から離脱しないと考えられることが指摘されています。[8]

　医療的ケアを必要とする子どもといっても，多くの医療的ケアと医療機器が必要になるものの肢体不自由や知的障害はない子どもから，医療的ケアや医療機器は少ないが重度の肢体不自由と重度の知的障害が重複している重症心身障害の子どもまで，じつに多様な姿があります。そして言うまでもなく，すべての子どもが育ちと学びの権利をもつ主体者です。2016 年には児童福祉法が改正され，医療的ケアを必要とする子どもへの支援に関する内容が明記されました。[9]この時点では努力義務としての記載にとどまっていましたが，2021 年に「医療的ケア児及びその家族に対する支援に関する法律」[10]が定められ，努力義務とされていた医療的ケア児とその家族への支援は行わなければならない責務となりました。すべての子どもと子育て家庭が安心して健やかに育ち，育てる社会の実現にむけてようやく大きな一歩を踏み出すことになったのです。

　それにともない，一定の研修を受け，認定特定行為業務従事者認定証の交付を受けた保育士等も，主治医や保護者との連携のもと保育所等において，特定の医療的ケアについては法律に基づいて行うことが可能となりました（図 10 - 2）。[11]

　また，医療的ケアを必要とする子どもの保育においては，集団生活による感染などのリスクもともなうことから，十分に保護者および主治医，その他医療機関や関係者と連携しながら前向きに進めていくことが大切

です。子どものもつ力が発揮されるような個別の保育計画や支援計画，医療的ケアを園内で共有するケアマニュアルなどを作成し，緊急時の対応や安全確保の体制・環境を十分に備えておくと，子ども，保護者，保育者にとっての安心につながります。安心があるからこそ，それぞれが力を発揮して関わり，つながることができるのです。そして，一人ひとり異なる子どもどうしの関わりとつながりを生み出すために，周囲の子どもたちに医療的ケアを必要とすることをどのように伝えるとよいかについても，可能な限り子ども自身と保護者とも確認しながら考えておくとよいでしょう。

3．病児保育

　病児保育とは，子どもが病気のときに保護者に代わり保育を行うことだけを意味するのではなく，小児病棟などでの保育士による病気の回復期に至らない子どもへの保育も含む，広い意味をもつ言葉です。すべての子どもはどのようなときにおいても，安全で安心できる環境のもとで過ごす権利があります。そして，個々の病状に応じて子どもに備わっている力を十分に引き出すことを目指して，病児保育は行われる必要があります。

　本来，病児保育は前述のような広義の概念でとらえられるべきですが，病“時”保育と間違われるほど理解が広がらず，また「病気のときくらい親が看るのがあたりまえ」との意見が聞かれることもあります。[12]みなさんはこのような意見について，どう感じ，考えるでしょうか。

　病児保育は保護者の就労支援の側面からとらえられることがありますが，子どもや家庭の状況により，どこで誰によってケアを受けることが最適かは異なります。保育は子どもの最善の利益を保障するために行われるものであることを忘れてはなりません。

　病児保育は病児保育事業実施要綱[13]に基づき行われます。事業の類型には，送迎対応を除くと①病児対応型，②病後児対応型，③体調不良児対応型，④非施設型（訪問型）の4つがあります。各事業内容，対象児童，実施場所などをまとめたものが表10-1です。

　近年，実施か所数が多い順に体調不良児対応型，病児対応型，病後児対応型，非施設型（訪問型）となっています。[14]いずれの場合にも，できるだけ子どもと家族が健やかに日々を過ごすことができるように関係機関と緊密な連携をとりながら病児保育を行うことが求められます。

◆12　下記資料を参照。池田奈緒子（編）『病児保育・事例から学ぶこと』芦書房，2017年，p.1.

◆13　「病児保育事業実施要綱」（改正　令和2年4月1日）

（2024年7月1日閲覧）

◆14　厚生労働省「各自治体の多様な保育（延長保育，病児保育，一時預かり，夜間保育）及び障害児保育（医療的ケア児保育を含む）の実施状況について　実施状況の推移」p.4.

表 10 - 1　病児保育事業の 4 類型の概要

	病児対応型	病後児対応型	体調不良児対応型	非施設型（訪問型）
事業内容	児童が病気の「回復期に至らない場合」であり，かつ，当面の症状の急変が認められない場合において，当該児童を病院・診療所，保育所等に付設された専用スペース又は本事業のための専用施設で一時的に保育する事業。	児童が病気の「回復期」であり，かつ，集団保育が困難な期間において，当該児童を病院・診療所，保育所等に付設された専用スペース又は本事業のための専用施設で一時的に保育する事業。	児童が保育中に微熱を出すなど「体調不良」となった場合において，安心かつ安全な体制を確保することで，保育所等における緊急的な対応を図る事業及び保育所等に通所する児童に対して保健的な対応等を図る事業。	児童が「回復期に至らない場合」又は，「回復期」であり，かつ，集団保育が困難な期間において，当該児童の自宅において一時的に保育する事業。
対象児童	当面症状の急変は認められないが，病気の回復期に至っていないことから，集団保育が困難であり，かつ，保護者の勤務等の都合により家庭で保育を行うことが困難な児童であって，市町村が必要と認めた乳児・幼児又は小学校に就学している児童（病児）。	病気の回復期であり，集団保育が困難で，かつ，保護者の勤務等の都合により家庭で保育を行うことが困難な児童であって，市町村が必要と認めた乳児・幼児又は小学校に就学している児童（病後児）。	事業実施保育所等に通所しており，保育中に微熱を出すなど体調不良となった児童であって，保護者が迎えに来るまでの間，緊急的な対応を必要とする児童。	病児及び病後児。
実施場所	病院・診療所，保育所等に付設された専用スペース又は本事業のための専用施設であって，次のア〜ウの基準を満たし，市町村が適当と認めたもの。 ア　保育室及び児童の静養又は隔離の機能を持つ観察室又は安静室を有すること。 イ　調理室を有すること。なお，病児保育専用の調理室を設けることが望ましいが，本体施設等の調理室と兼用しても差し支えないこと。 ウ　事故防止及び衛生面に配慮されているなど，児童の養育に適した場所とすること。	左に同じ。	保育所又は医務室が設けられている認定こども園，小規模保育事業所，事業所内保育事業所の医務室，余裕スペース等で，衛生面に配慮されており，対象児童の安静が確保されている場所とすること。	利用児童の居宅とする。

注：各類型の職員配置は紙面の都合上，割愛しているが，職員配置の基準や留意事項については各自，確認してほしい。
出典：「病児保育事業実施要綱」をもとに筆者作成。

第3節　インクルージョンの実現に向け，保育の場で大人もつながる

1．生活上の困り感のある子どもを育てる保護者を，一人にしない

　生活の中で困り感を感じることの多い障害のある子どもや医療的ケア，病児保育を要する子どもを育てる保護者の日常を想像してみましょう。どのような姿を思い浮かべましたか。なぜ，その姿をイメージしたのでしょうか。ぜひ，隣の人と話し合ってみてください。

　すべての子どもは幸せに生きる権利があります。そして，子どもは一人では幸せに生きることができません。つまり，子どもの幸せを守るためには，子どもと共にいる保護者が幸せに日々を過ごせることを支える必要があるのです。

　特別な配慮を必要とする子どもの子育てをする保護者は，日常的に心身の疲労が重なりやすい状況にあるといえます。たとえば，医療的ケア児者とその家族の生活実態の調査報告書からは「就労，社会参加，家族みんなでの外出，きょうだい児（病児ではない兄弟姉妹）と触れ合う時間，自らの睡眠や病院にいくことすら制限を受けながら，目の前の命を守るため，家族が医療的ケアを行うという緊張の連続の中，先の見えない将来不安を抱えながら日々を送っている[15]」ことが示されています。24時間のケアが最優先の生活の中，細切れの睡眠しかとれずに心身の疲労が晴れない日々が続く保護者の姿があるのです。子育ての中で感じるさまざまな思いを誰かと分かち合う機会もなかなか得ることが難しいといえるでしょう。

　子どもの育ちの場である保育施設は幸いにも，すべての子どもと保護者が地域で日常的に関わり，つながることのできる場です。誰もが「はじめまして」で出会い，園生活を共にすることにより自然と会話が生まれ，互いが互いのことを知ります。そのうちに子どもどうしが同じクラスになったり，同じ時間帯に登園が重なったりするといったことでつながりが生まれ，「知り合い」になっていきます。人は誰かとのつながりの中で，かけられた言葉や思い，何気ない行動によってずいぶんと心のありようが変わります。人と関わり，つながる場には大きな力があるのです。

　子どもは家族以外の人とも関わりながら自己の力を発揮して豊かに育

◆15　三菱UFJリサーチ＆コンサルティング「厚生労働省 令和元年度障害者総合福祉事業 医療的ケア児者とその家族の生活実態調査報告書」2020年，p. 218.

（2021年8月10日閲覧）

つ権利があり，かつて子どもだった保護者も自分らしく自己の力を発揮して豊かに生きる権利があります。特別な配慮を必要とする子ども，きょうだい児，保護者それぞれの権利が守られるよう，同じ社会で共に生きる私たちがみんなでつながり，互いに育ち，育て合う関係を築いていく必要があります。みんなで子育てをすることで，苦しい子育てではなく，いろいろあるけれどなんだか楽しい子育てにしていくことがみんなにとって嬉しいことなのです。

2．みんなで育てる，育ち合う

　特別な配慮を必要とすることにより入園がかなわなかった子どもたちを積極的に迎える園があることを，第1節2. で紹介しました。その園では「みんな違って，みんないい」という考えのもと，子どもたちは困っている子がいればごく自然に助けながら，みんなで一緒に生活しています。卒園式でのこと，ある車椅子の子どもが頭をまっすぐに支えていることができずに，せっかくの記念写真で一人だけどうしても顔が映らないという状況が生まれました。さて，みなさんならどうするでしょうか。「みんな違って，みんないい」のこの園で育ってきた子どもたちの中からは次のような声が上がります。

　「みんな，床に寝っ転がればいいんだよ！　輪になって，仰向けになって寝ればいいんだよ！　高いところからだったら，その子の顔も写真に撮れるよ！」

　卒園児みんなで円の中心に頭を向けて寝転がって輪になり，カメラマンのお父さんが体育館の2階からニコニコ顔で寝ている子どもたちの顔を撮影し，とてもいい卒園写真が撮れたそうです[16]。異なる存在が関わり合い，育ち合うインクルージョンが体現されている日々の保育の場で育つ子どもたちのすばらしさを感じます。

　そして，保育の場で育ち合うのは子どもだけではありません。大人も保育の場において，関わり合い，育ち合います。この園では支援を必要とする保護者が中心となり，一人で悩み苦しむのではなく相談し合える「てくむのかい」を立ち上げ，小学校，中学校に子どもを通わせる卒園児の保護者も先輩保護者として体験談を語りに来るなど，当事者どうしが助け合える心強い会が生まれました。そして，健常児の保護者からの声により「て・くんで歩む会」が1年後に立ち上がり，その会員は来園時にストラップに赤いリボンをつけています。そのリボンは「いつでも

◆16　前掲書（◆3），pp. 45-47.

◆17　前掲書（◆3），pp. 146-186.

声をかけて」という，つながる大人のメッセージです。[17]

　すべての異なる子どもの育ちを保障する場で，子どもだけでなく大人も関わり，つながろうとし，育ち合う場が生まれています。保育の場でインクルージョンを実現することで，社会が変わっていくのです。

 ## さらに学びたい人のために

西村実穂・徳田克己（編）『こうすればうまくいく！　医療的配慮の必要な子どもの保育——30の病気の対応ポイントがわかる！』中央法規出版，2017年.
　医療的配慮が必要な子どもが園で楽しく過ごせるようにどのような配慮を行う必要があるのかを考えるには，まずは病気についての知識と保育時の配慮を知ることが大切です。基本の知識，保育のときの配慮，体調が悪くなったときの対応についてわかりやすいイラストと共に示されています。

柴崎正行・太田俊己（監修），高倉誠一ほか（編著）『イラストでわかるはじめてのインクルーシブ保育——保育場面で考える50のアイデア』合同出版，2016年.
　幼稚園や保育所の事例をもとに，登園時，遊び，クラスの集まり，友達との関わり，食事，降園時など日常の保育場面（第1章）や，運動会，園外保育，お泊まり保育，卒園式といった行事場面（第2章）でインクルーシブ保育を行う具体的な視点が，イラストや各園のエピソードと共に示されています。そして，第3章のインクルーシブ保育の基礎知識を一読されることをおすすめします。

 ## 演習課題

M 保育の場でインクルージョンを実現することの大切さや，その実現に向け求められる保育と保育者の配慮について，自身が理解したことをまとめよう。

V 保育を受ける権利が十分保障されているとはいいがたい子どもや子育て家庭の状況を調べ，個人の尊厳が守られる保育を具体的にどう実現していくかについて学びをさらに深めよう。

P 見えないところで自分らしく生きることを阻まれている子どもに思いをめぐらせ，保育者として何ができるか，何を大切にしたいかを，仲間と話し合おう。

第11章

持続可能な社会をつくる乳幼児期の保育・教育

Mission 21世紀の世界的動向や社会状況，そして乳幼児期の保育・教育で育むべき資質・能力について知る。

Vision 持続可能な開発目標（SDGs）や持続可能な開発のための教育（ESD）と，乳幼児期の保育・教育とのつながりについて学ぶ。

Passion ESDに通じる理念や内容を含んだ乳幼児期の保育・教育の考え方を大切にする。

・・・・・・・・・・・・・・・・・

第1節 地球の未来と求められる資質・能力

　本章でははじめに，乳幼児期の保育・教育が，地球全体の未来の社会にとっていかに重要な意味をもつものであるかを考えるために，現代の社会状況や教育を概観していきましょう。

1．21世紀の社会が求めるものとは

　21世紀の世界を考えてみると，地球温暖化にともなう大規模な気候変動や自然災害の甚大化，CO_2排出問題[1]をはじめとする地球環境問題，食糧・エネルギー問題，国際テロの多発や民族・宗教紛争の激化，難民・移民問題，地球規模の感染症の流行など，グローバル化が進んできた世界が共通して直面する幾多の困難な状況が混在しています。

　一方，日本は，2011年に東日本大震災という未曽有の危機に遭遇し，被災地域の人々の命や生活や心の景色は一変し，復興へ向けた長期にわたる道のりがはじまりました。また，2019年終わりごろからはじまった新型コロナウイルス感染症（COVID-19）の世界的流行では，地球

◆1　二酸化炭素（CO_2）は，地表から太陽の熱を逃がさないようにしている温室効果ガスの一つ。これが大気中に増えすぎることが世界の平均気温を上昇させる主な原因と考えられ，国際社会は，2015年パリ協定で温室効果ガスをゼロにする「脱炭素社会」を目標に定めた。

上の人々の往来が遮断され，これまで当たり前に会話し，身近に関わり合ってきたコミュニケーションのあり方や，人と人とが交流する世界が，大きな変容を迫られました。こうした問題状況に対して，世界の人々が，国と国の境を超えて人類全体で取り組まなければならなくなっている実態があるといえるでしょう。

　また，21世紀においては，政治や経済，文化などのさまざまな領域において，たとえば，コンピュータやインターネットなどのさらなる普及による情報通信技術（Information and Communication Technology：ICT）や人工知能（Artificial Intelligence：AI）[2]など，つねに新たな技術革新（イノベーション）が，日進月歩の勢いで進んでいます。教育の世界においても，COVID - 19が，学習方法や教授方法に多様なオンラインツールや情報メディアを活用した新しいあり方を急速に普及させました。これまでとは異なる「新しい知識・情報・技術」が非常に重要となったわけです。

　こうした時代の流れの予測に基づいて，求められる社会の姿は，「知識基盤社会」と呼ばれ，文部科学省の中央教育審議会答申では，以下のように述べられています。

- 21世紀は，新しい知識・情報・技術が政治・経済・文化をはじめ社会のあらゆる領域での活動の基盤として飛躍的に重要性を増す，いわゆる「知識基盤社会」（knowledge-based society）の時代であると言われている。
- 「知識基盤社会」の特質としては，例えば，1. 知識には国境がなく，グローバル化が一層進む，2. 知識は日進月歩であり，競争と技術革新が絶え間なく生まれる，3. 知識の進展は旧来のパラダイムの転換を伴うことが多く，幅広い知識と柔軟な思考力に基づく判断が一層重要となる，4. 性別や年齢を問わず参画することが促進される，等を挙げることができる。[3]

　このように，地球規模のさまざまな問題や課題が山積し，先行き不透明で予測の難しい時代といわれる21世紀においては，従来の考え方の枠組み（パラダイム）を柔軟に転換させながら適切に対応することが求められます。困難な状況においてこそ，国際社会が信頼と共生という平和の理念を再確認して，コミュニケーションを密にし，相互に尊重し合って「持続可能（sustainable）な社会」を構築していくことが，大変重要

◆2　情報通信技術は，インターネットのような通信技術を活用した通信伝達技術やサービスなどの総称。人工知能は，人工知能学会ウェブサイトでは，「知的な機械，特に知的なコンピュータプログラムを作る科学と技術」と説明されている一方，その定義は研究者によって異なる。

◆3　文部科学省中央教育審議会「我が国の高等教育の将来像（答申）」2005年.

◆4　下記資料で「生きる力」として示されている。文部科学省中央教育審議会「幼稚園，小学校，中学校，高等学校及び特別支援学校の学習指導要領等の改善について（答申）」2008 年，p. 8.

（2021 年 9 月 17 日閲覧）

◆5　OECD
1961 年に経済成長，開発，貿易の 3 つを目的として欧州と北米の 20 か国間で設立。日本は，1964 年に非欧米諸国としてはじめて加盟した。
外務省「OECD（経済協力開発機構）の概要」

◆6　下記資料を参照。
OECD. (2018). *The future of education and skills: Education 2030.*

OECD Future of Education and Skills 2030（ウェブサイト）

◆7　文部科学省「教育とスキルの未来：Education 2030【仮訳（案）】」

（2021 年 8 月 10 日閲覧）

◆8　OECD は，ウェルビーイングの指標として，仕事，収入，住宅，ワーク・ライフ・バランス，教育，安全，生活満足度，健康，市民活動，環境，コミュニティの 11 項目を挙げている。

になってきています。これが，知識基盤社会といわれる 21 世紀の社会の姿であるといえるでしょう。

　そして，教育においては，ますます大きく変化する時代の社会状況において，どのように子どもたちの命を守り育むことが求められているのか，そのためにどのような教育が必要であるのかという議論が進んできました。そこで必要となるのは，「いかに社会が変化しようと，自ら課題を見つけ，自ら学び，自ら考え，主体的に判断し，行動し，よりよく問題を解決する資質や能力，自らを律しつつ，他人とともに協調し，他人を思いやる心や感動する心などの豊かな人間性，たくましく生きるための健康や体力など[4]」であると考えられているのです。

2．OECD の Education 2030 プロジェクト

　さて，21 世紀の社会に対応して教育が変わっていくための国際的な取り組みが，OECD（経済協力開発機構）[5]によって 2015 年から進められてきましたが，そのプロジェクトの中間報告書「教育とスキルの未来：Education 2030（The future of education and skills: Education 2030）」が，2018 年に公開されました[6]。

　文部科学省は，このプロジェクトの議論に積極的に貢献してきた有識者や組織の協力を得て作成した，本報告書の仮訳を公表しています[7]。この Education 2030 では，2030 年という近い将来に向けて，有限な資源の上に成り立っている地球においては，人間の幸福が周囲の人々やコミュニティ，さらには地球全体のウェルビーイング[8]と密接なつながりをもつものであり，全人類の持続可能性に価値をおいて，自身の人生を切り拓いていくようにするには，子どもたちにどのような資質・能力（コンピテンシー[9]）が求められるのかということが議論されています。

　そしてそこには，学習者の「エージェンシー（Agency）」というキーワードが登場します。仮訳の脚注部分に，わが国の教育基本法第 1 条（教育の目的）と第 2 条（教育の目標）で述べられている内容，すなわち，「平和で民主的な国家及び社会の形成者として」必要な資質を備えた国民の育成をするという目的や，「公共の精神に基づき，主体的に社会の形成に参画し，その発展に寄与する態度を養う」という目標が，エージェンシーの考え方と合致すると説明され，学習指導要領の「主体性」と近い概念でありつつ，より広い概念だと考えられるとあります。保育においても，子どもが環境に主体的・能動的に関わりながら展開されるさまざ

◆9　教育におけるコンピテンシー（competency：資質・能力）では，OECDが国際学力調査（PISA）の枠組みとしてキー・コンピテンシーを提言し，世界に影響を与えている。単なる知識・能力ではなく，思慮深く考え行動する力がその中心となっており，文部科学省が提唱する「生きる力」にも通じる。

◆10　前掲（◆7）。

◆11　文部科学省「Student Agency for 2030 仮訳」

まな活動や，自発的な活動としての遊びは，心身の調和のとれた発達の基礎を培う重要な学習であるとされており，エージェンシーという考え方に通じる要素があると見ることができます。

●エージェンシーとは

　「エージェンシーは，社会参画を通じて人々や物事，環境がより良いものとなるように影響を与えるという責任感を持っていることを含意する」とされています。

　また，学習者自身が，何をどのように学ぶかを決定し，自分の受ける教育に能動的な役割を果たすという考え方においては，学習が教師や保護者，友達などの仲間，さらにはコミュニティと協働した営みであり，こうした関係性に支えられてこそ，目標に向かっていくという意味で「共同エージェンシー（Co-Agency）」というキーワードも示されています。

●共同エージェンシーとは

　共同エージェンシーは，「生徒が，共有された目標に向かって邁進できるように支援する，保護者との，教師との，コミュニティとの，そして生徒同士との，双方向的な互いに支え合う関係」として定義されています。

　子どもが，遊びや活動に興味・関心をもち，積極的・意欲的に関わるときには，保育者をはじめ，友達や周囲の人間関係，家庭との連携，さらには，地域社会など環境との関わりは欠かせないものです。大人の支えを必要としながらも，子ども自身が自らの学びに主体的に参画し，意思決定する権利主体として生きているということを，この2つの概念は，物語っているように思われます。

　さらに，Education 2030では，変革の主体となる学び手が，どのように人生や世界を歩んでいくのかを示す「学びの羅針盤」という考えと共に，幅広い知識と専門的な知識，それを活用するために必要なスキルや態度が示されました。そして，「新たな価値を創造する力」「対立やジレンマを克服する力」「責任ある行動をとる力」という3つのコンピテンシーが重要であるとされました。

第2節　人と地球の平和を希求する世界のパートナーシップ

1．持続可能な開発・発展を目指して：SDGs

　2015年9月，ニューヨークで開催された第70回国連総会で「持続可能な開発目標（SDGs）」が採択されました。SDGsとは，<u>S</u>ustainable <u>D</u>evelopment <u>G</u>oals の頭文字で，2030年までに達成を目指す世界共通の目標です。「我々の世界を変革する：持続可能な開発のための2030アジェンダ」において，17のゴールと169のターゲット，230の指標が人と地球の"やるべきこと"として示されました。ゴール（目標）には，地球規模での目指すべき到達点が描かれ，ターゲットは，達成を目指す年や数値を含んだ，より具体的な到達点となっています。◆12

　アジェンダの◆13「我々の世界を変革する」というタイトルにもある通り，この地球を世界の協調と連携により持続可能な世界となるよう変革するということ，そして，アジェンダ前文をはじめ，繰り返し謳われている「誰一人取り残さない」世界を創ることが，その理念となっています。◆14

　このSDGsに掲げられた17の項目別ゴールは，多様な要因や背景において，互いに密接に関連し合っています。たとえば，安全な水やトイレに関するゴール6に取り組むことは，海や陸の豊かさを守ろうというゴール14，15にもつながっており，また，貧困や飢餓問題と衛生上の安全に関するゴール1，2の解決にも通じます。さらに，人々の健康やそれを守る福祉のゴール3を向上させることにも通じますし，水の安全性やトイレの設置といったことを可能にできるような知識・技術や，国や地域により異なる歴史的・文化的経緯や経済的格差の現状を理解することを可能とする教育の問題ゴール4にも深く関与しています。つまり，ある特定の課題についても，どこか一部分だけを切り離して見るのではなく，さまざまな知識を総合し，地球的な視野で，かつ，目の前の身近な問題に対して，柔軟に地道に対応する包括的な視点やアプローチが求められているのです。

　以上の姿勢を確認したところで，乳幼児に視点を当てて，教育に関するゴール4（質の高い教育をみんなに：QUALITY EDUCATION）と，人権に深く関わるゴール5（ジェンダー平等を実現しよう：GENDER EQUALITY）について考えてみましょう。◆15

◆12　SDGs の詳細については，下記資料なども参照。
国際連合広報センター「持続可能な開発目標2030アジェンダ」

国連WFP「SDGsって何だろう？（学生向けバージョン）」

ベネッセ公式チャンネル「SDGsってなんだろう？」

◆13　アジェンダ（Agenda）は，一般的には議題・課題，目次といった意味だが，ここでは2030年に向けた成長戦略，行動計画といった意味で使われている。

◆14　蟹江憲史『SDGs（持続可能な開発目標）』中央公論新社，2020年．村上芽・渡辺珠子『SDGs入門』日本経済新聞出版，2019年．日本環境教育学会ほか（編）『事典　持続可能な社会と教育』教育出版，2019年，pp. 18-23.

◆15　SDGsのゴール（目標）やターゲットについては，下記資料を参照。
外務省「我々の世界を変革する：持続可能な開発のための2030アジェンダ（仮訳）」

ゴール4においては，初等教育のみならず，発達とケアと教育が接合し就学前教育が明記されたこと，教育の質について言及されていることは注目されるところです。[16]世界には紛争・戦争や経済格差が存在し，教育へのアクセスという学習の権利以前に，暴力や生命の危機，家族との離別，飢餓や貧困，5歳未満児の高い死亡率，児童労働など，子どもの人権が著しく脅かされている現状があります。日本においても，不登校やひきこもり，子どもの貧困や特別な支援が必要な子どもなどに対する教育支援は課題となっており，乳幼児期からの子育てへの支援や，保育の質の向上が強く求められるようになっています。

　ゴール5は，社会的な性役割や生物学的な性差の概念から生み出されてきた「文化によってつくられた性差」を意味する「ジェンダー」を問い直すことを通じた，男女平等への取り組みです。[17]教育へのアクセスを困難にする特定の国や地域の女児に対する悲惨な現状は，もちろん見過ごしてはなりませんが，日本もまた，女性の地位や社会進出における男女格差・女性差別に関してその格差が世界的に大きい現状を抱えており，[18]乳幼児期の教育・保育を担う立場として常に認識しておく必要があるでしょう。そして，日常の保育において，「男の子らしさ」「女の子らしさ」の価値観を無意識に伝えてしまっていないか，振り返ってみる姿勢が求められているといえるでしょう。

2．保育におけるSDGsの取り組み

　鎌倉市由比ガ浜に，2018年より「誰一人取り残さない」というSDGsの視点から保育の質の向上への取り組みを実践している幼稚園があります。[19]それは，海岸に打ち上げられたクジラの子どもの胃の中からプラスチックごみが出てきた事件をきっかけとして，「できることからはじめよう」という精神のもと，子ども・保育者・保護者，そして，地域をも巻きこみながら一体となって展開されている取り組みです。この幼稚園では，「愛に包まれ，愛を知る場所に」という教育理念を掲げ，子ども一人ひとりの人格や主体性を尊重する遊びを通した日々のたゆまぬ保育実践を通じて，「すべての子ども」が受け入れられ，愛される場となる使命が追求されてきました。そうした日常の保育実践と持続可能な世界への変革を希求するSDGsの理念とが出会うことによって，「すべての人々」が受け入れられ愛される場所となるようにという平和への願いへとつながっていったということです。

◆16　北村友人ほか（編著）『SDGs時代の教育──すべての人に質の高い学びの機会を』学文社，2019年，pp. 102, 104, 151.

◆17　前掲書（◆16）。

◆18　世界経済フォーラムによるジェンダーギャップ指数（経済，教育，政治，健康の4点における男女格差を評定。2019年）では，121位という結果になっている。（稲葉茂勝（著），渡邉優（監修）『SDGsのきほん──未来のための17の目標（6）ジェンダー　目標5』ポプラ社，pp. 6-7.）

◆19　ここで紹介する事例は，ハリス記念鎌倉幼稚園（神奈川県鎌倉市）によるもの。写真提供は同園理事長・園長の森研四郎氏。
ハリス記念鎌倉幼稚園ウェブサイト

2019 年 6 月，園長先生と PTA 会長の保護者により，17 のゴールの中からとくに取り組むべき 5 つのゴールに向かって，豊かな環境と美しく平和な未来のために貢献していくことを謳った「SDGs 宣言」[20]が発信されました（図 11 - 1）。

この宣言に基づいて，身近な環境に目を向け，問題意識をもち，日常の小さなことの積み重ねから，個人でも，家庭でも，幼稚園でも，学校でも，いつでも，どんなことからでもはじめられるという理解を共有し，園ではさまざまな取り組みを実践しています。そのうちの一部を紹介しましょう。

①海岸の清掃：海の豊かさを守るため（ゴール 14），プラスチックごみやガラスなどを拾う活動を園や家庭で行っています（図 11 - 2）。持ち帰ったごみを展示したり，専門家による講演会を開催したり，プレーデーと呼ばれる運動会で子どもたちが自分のつくった魚を手に入場行進し，パネルに貼って一つの大きな魚を完成させたりするなど，単発のイベントに留まらないその取り組みは，多様に展開されています。

②月に 1 度のおにぎり弁当：平和と公正をすべての人々に（ゴール 16）祈り，貧困の淵にある他者を思い，毎月 1 度，具なしのおにぎり弁当の日があります（図 11 - 3）。また，クリスマスには家の手伝いで得たお

◆20　下記資料を参照。ハリス記念鎌倉幼稚園「ハリス SDGs 宣言」

◆21　図 11-1 ～ 11-3 のカラー写真は以下。

図 11 - 1　「SDGs 宣言」を宣誓！[21]

図 11 - 2　海岸のプラスチックごみ（右）を掃除する子どもたち

図 11 - 3　おにぎり弁当の日の笑顔

こづかいを献金箱にため，世界のために送ります。

③保護者の取り組み：バザーや親睦会，謝恩会などでプラスチック製品の使用を削減，お泊まり保育の着替え袋も布製バッグにするなど，「保護者が変わることで子どもたちも意識が変わる」ということから，園と保護者とのパートナーシップ（ゴール17）が実現されています。

そして，保育者は，こうした日々の実践を振り返り，さらに園内外での研修会や研究会を積み重ねながら，「アイディアの種は身近にある」「アンテナを張ろう」という考えのもと，実践を工夫し，深めて，質の高い教育（ゴール4）を創造しているのです。

3．持続可能な開発のための教育：ESD

次に，「持続可能な開発のための教育」といわれるESD（Education for Sustainable Development）について考えてみたいと思います。まず，ESDとは，「持続可能な社会の担い手を育むため，地球規模の課題を自分のこととして捉え，その解決に向けて自分で考え行動を起こす力を身に付けるための教育[22]」と定義されています。

ESDの普及・促進を担っているのは国連機関であるユネスコ[23]であり，そのはじまりは，リオ・デ・ジャネイロ（ブラジル）で開催された1992年の地球サミット（国連環境開発会議）だといわれています。それから10年，2002年のヨハネスブルグ（南アフリカ共和国）において，日本がNGO[24]と共に提案した「国連ESDの10年」（UNDESD：2005～2014年の10年間において，環境教育，平和教育，ジェンダー・子どもの人権教育，国際理解教育，気候変動やエネルギーに関する教育などに関するESDの基本的な考え方や取り組み・実践を教育と学習のあらゆる場面に組み入れる実施計画の推進）が採択されました[25]。

さらに，2019年の第40回ユネスコ総会では，「ESD for 2030」が採択され[26]，2030年までのSDGsのゴール実現に向けたESDの実施枠組みが示されました。ESDの提唱国である日本においては，文部科学省と日本ユネスコ国内委員会が，ESDを学校教育に普及していくうえでその実践方法や留意点を示した「持続可能な開発のための教育（ESD）推進の手引[27]」を2021年5月に改訂しています。ESDを推進していくために，新たな学習指導要領によりどのようなカリキュラム・デザインを描くか，その計画を実践し，どのようにそのカリキュラムを見直し，さらによりよいものにしていくか（カリキュラム・マネジメント[28]）が，具体例と共

◆22　文部科学省教育課程部会・幼児教育部会「資質・能力等関係資料」2015年，p. 25.（PDFデータp. 32.）
（2021年9月17日閲覧）

◆23　ユネスコ
国際連合教育科学文化機関（United Nations Educational, Scientific and Cultural Organization：UNESCO）。諸国民の教育，科学，文化の協力と交流を通じて，国際平和と人類の福祉の促進を目的とした国際連合の専門機関。
文部科学省「ユネスコとは」

◆24　NGO
Non-governmental Organizationの略称。国の枠を超えた，経済的利益をともなわない非政府組織，民間団体。

◆25　西井麻美ほか（編著）『持続可能な開発のための教育（ESD）の理論と実践』ミネルヴァ書房，2012年，pp. 4-5.

◆26　2019年12月第74回国連総会においても採択され，ESDがSDGs達成の不可欠な実施手段であると決議された。
文部科学省『「持続可能な開発のための教育：SDGs達成に向けて（ESD for 2030）」について　～第74回国連総会における決議採択～』2019年.

◆27　日本ユネスコ国内委員会「持続可能な開発のための教育（ESD）推進の手引」（令和3年5月改訂）

ESD の推進・実践については，下記資料も参照。
『東洋経済 ACADEMIC SDGs に取り組む幼・小・中・高校特集 vol.2 持続可能な未来をつくる SDGs・ESD 教育の実践』東洋経済新報社, 2021年.

◆28　カリキュラム・マネジメント
カリキュラム（教育課程や全体的な計画）に基づき，組織的・計画的に実施・評価・改善し，保育の質の向上を図ること。本書第7章第5節（pp. 103-105）も参照。

◆29　文部科学省「幼稚園教育要領」2017年, p. 2.

◆30　社会に開かれた教育課程
学校が社会や地域とのつながりの中で，教育課程が目指す目標を社会との協力・連携のもとに実現させていこうとする考え方。
文部科学省中央教育審議会初等中等教育分科会「資料1　教育課程企画特別部会　論点整理」1.「2030年の社会と子供たちの未来」

◆31　冨田久枝ほか『持続可能な社会をつくる日

に紹介されています。

第3節　乳幼児期の保育・教育と ESD

　さて，改めて乳幼児期の保育・教育に目を向けてみると，2017年3月改訂の幼稚園教育要領前文には次のような一節があります。

> これからの幼稚園には，学校教育の始まりとして，こうした教育の目的及び目標の達成を目指しつつ，一人一人の幼児が，将来，自分のよさや可能性を認識するとともに，あらゆる他者を価値のある存在として尊重し，多様な人々と協働しながら様々な社会的変化を乗り越え，豊かな人生を切り拓き，持続可能な社会の創り手となることができるようにするための基礎を培うことが求められる。[29]
>
> （下線は筆者による）

　ここでの「持続可能な社会の創り手」という表現には，これまで見てきたような，21世紀の世界の状況を背景として，教育が目指す方向性が意識されています。前節で見た ESD は，持続可能な地球の未来を創ることを目指して，子どもと大人（教師や保護者）が，Co-Agency として，世代を超えて学び合い，実践的に取り組む考え方を提示しています。それと同時に，その実践を，地域社会とのつながりの中で，外部の人や組織や機関と連携して実践していく教育のあり方（社会に開かれた教育課程[30]）に変えていくこと，その実践が，持続可能な社会を実現するための「人」を育てる重要な役割を担っていることを物語っています。ESD は，環境問題に限らず，社会・経済・文化などの全体を考える広い視野をもち，身近な問題に対して，自ら探究する主体的で実践的な学びの姿勢を尊重します。そのためには，乳幼児期からの取り組みが大変重要な意義をもつという考えが，この前文には示されているのです。

　ところで，冨田ほか（2018）[31]は，日本の乳幼児期の教育・保育について，この ESD の視点から考えてみたとき，その保育理念や保育内容のさまざまな部分が，すでに ESD の理念や本質を内包したものであることを多角的な視点から示しています。子どもが大人と対等な人格として尊重され，相互の関係性において主体的な活動としての遊びを通じて総

本の保育——乳幼児期における ESD』かもがわ出版，2018 年.

合的に育まれること，日本の保育実践が自然や周囲の環境との関わりを重視していること，保育実践における世代間交流や多文化交流，地域の文化や伝統行事，遊び・子育てに関する知恵の伝承等を通じた人や地域社会や地域産業とのふれあいや関わり，そして，東日本大震災や熊本地震などの災害を乗り越える道を地域と共に歩む姿勢，などが挙げられています。

　一人ひとりの発達と命の「多様性」に配慮し，子どもの育ちをあらかじめ設定された特定の基準から評価するのではなく，包括的な視野からとらえる乳幼児期の教育・保育は，まさに ESD の色彩や輝きを放っているといえるでしょう。

　ただし，保育者や保育の場が，改めて ESD というまなざしをもって，自らの実践に向かい，その保育の質の向上を目指して取り組むことが求められていることを忘れてはならないでしょう。

さらに学びたい人のために

汐見稔幸（監修）『せいかつから まなぶ！　4・5・6 さいの なぜなに SDGs』世界文化社，2022 年.
　SDGs を子どもたちにどのように伝えたらよいか，子どもたちと一緒にどのように考えるか・学ぶかが，イラストと写真で示された絵本です。モッタイとナーイという 2 人の子どもと家族が登場します。最後のページに子どもと読むときのポイントが示されています。

『東洋経済 ACADEMIC　SDGs に取り組む幼・小・中・高校特集 Vol. 2　持続可能な未来をつくる SDGs・ESD 教育の実践』東洋経済新報社，2021 年.
　ESD 実践の考え方が，ESD を推進する若い活動家や ESD 大賞受賞の元小学校校長，京都府知事などさまざまな立場から示された後，教育実践事例が 20 例近く紹介された雑誌です。その他，本シリーズは，大学教育や地域のまちづくりなど，多角的な視点から特集されています。

演習課題

M 21 世紀の世界的動向や社会状況，そして乳幼児期の保育・教育で育むべき資質・能力について自身が理解したことをまとめよう。
【参考：公益財団法人日本ユニセフ協会「持続可能な世界への第一歩
SDGs CLUB」】

Ⅴ SDGs や ESD と，幼稚園教育要領・保育所保育指針にある「幼児期の終わりまでに育ってほしい姿」との関連について考え，まとめてみよう。
【参考：文部科学省「持続可能な開発のための教育」の「5．ESD で目指すこと」】

P 厚生労働省「子どもを中心に保育の実践を考える」実践事例集（下記 QR コード）の事例 14 を読み，この実践が「持続可能な社会の創り手」を育むうえでどのような意味をもつと思うか，話し合ってみよう。

第12章

保育内容の地平線
世界との対話

 Mission　本章で取り上げた各国で行われている保育の工夫について知る。

 Vision　本章で取り上げた以外の国の乳幼児教育・保育について学ぶ。

 Passion　日本と世界の保育の共通性・相違性を学んだうえで，自身が保育において大切にしたいことを考える。

・・・・・・・・・・・・・・・・・

　保育は一見，園内というせまい世界の中でのことと感じられるかもしれません。しかし，グローバリゼーションや世界中で人工知能（Artificial Intelligence：AI）の普及が活発化する中，保育内容も少なからず影響を受けていることは第3章，第9章，第11章から学んできた通りです。こうした時代の中，世界ではどのように保育が展開されているのでしょうか。本章では，諸外国の保育内容を概観し，地平線の彼方へとの思いをもって学んでいきましょう。

第1節　世界の保育内容を学ぶ意義

1．子どもの権利の保障と保育＝養護と教育の一体化

　日本では，2017年の幼稚園教育要領，保育所保育指針，幼保連携型認定こども園教育・保育要領の改訂（改定）により，養護と教育の一体化が明確化されました。保育所に関しても，翌2018年の「保育所保育指針解説」の「序章　4．改定の方向性（2）保育所保育における幼児教育の積極的な位置づけ」にて，「幼保連携型認定こども園や幼稚園と共に，

◆1　厚生労働省「保育所保育指針解説」2018年, p. 5.

幼児教育の一翼を担う施設として, 教育に関わる側面のねらい及び内容に関して, 幼保連携型認定こども園教育・保育要領及び幼稚園教育要領との更なる整合性を図った」[1]と, 幼児教育施設としてのアイデンティティを明文化したのです。

　乳幼児期の教育の重要性を社会に発信することは, 世界でも活発になっています。その発端となったのが, 1989年に国連で採択された「子どもの権利条約」です。ニュージーランドでは, 1986年に教育省が0〜5歳の教育とケア（幼児教育サービス：early childhood education service）を一元化して管轄し, 1989年には子どもの権利が保障されているかを精査する国の機関（Office of the Children's Commissioner）が設置されました。スウェーデンでは1996年に就学前教育が教育省の管轄下になり, イギリスのイングランドでも1998年に保育所の管轄が教育雇用省に一元化されました。さらに, ノルウェー, オーストラリア, デンマークもそれぞれ2006年, 2007年, 2011年にすべての保育施設を教育施設ととらえる改革を行いました。多くの国で, 教育が子どもの権利の保障として位置づけられています。

2．OECDの動きから考える

　そこで問われるのが, 保育の内容（質）です。保育の場を小学校教育の準備施設としてとらえて, 早くから読み書き算数（そろばん）を教えこむことが果たして子どもの権利を保障する教育のあり方でしょうか。OECDでは, 調査研究に基づく報告書『人生の始まりこそ力強く（Starting Strong)』を2001年から順次発刊し, 世界における乳幼児教育・保育のあり方とその効果について発信・提言しています。2015年に刊行された第IV巻では, 保育の質を「子どもたちが心身ともに満たされ, より豊かに生きていくことを支える保育の場が準備する環境や経験のすべてである」[2]と定義しました。子どもを尊重する保育が, いかに複雑で多面的で広い営みであるかを感じ取れることでしょう。

　2006年に刊行された報告書の第II巻では, 国の幼児教育・保育への10の政策提言が示されました。以下は, そのうちの一つです。

◆2　OECD. (2015). Starting Strong IV: Monitoring quality in early childhood education and care.
下記ウェブサイトからも閲覧可能。

保育の質の定義の日本語訳は, 下記資料より。
厚生労働省「保育所等における保育の質の確保・向上に関する基礎資料」2018年.

◆3　首藤美香子「OECDのECEC政策理念と戦略──"Starting Strong II : Early Childhood Education and Care" (2006)」『国立教育政策研究所紀要』138, 2009年, pp. 239-256.
ECECは乳幼児教育とケアを指す。

> ECEC事業では子どものウェルビーイング, 早期の発達, 学習を（目標の）中核にすえること, その場合, 子どもの主体性と子ども本来の学習方略を尊重すること[3]

つまり，子どもを生活と遊びの主人公として，子ども独自の学び方を尊重する保育を実践することが促進されたのです。さらに，2021 年に刊行された第Ⅵ巻では，子どもどうし，子どもとまわりの大人（保育者・職員）の日々の「意味のあるやりとり（関わり合い）」が乳幼児期の教育の質に影響を及ぼす，としています[4]。すなわち，世界的に子どもの主体性が尊重され，関わり合いの様相である過程の可視化が求められています。第 2 節からこうしたことに挑戦する諸外国の保育内容を見ていくことにします。

◆4　OECD. (2021). *Starting Strong VI: Supporting meaningful interactions in early childhood education and care.* 下記ウェブサイトからも閲覧可能。

第2節　アメリカ

1．変革・変容し続けるアメリカの乳幼児教育

アメリカは，「子どもの権利条約」を批准していません。これには，子どもの教育や健康は個人の責任や選択とする政府の意向や個人の自由を尊重するため，との解釈があります[5]。かといって，乳幼児の教育・保育をおろそかにしてはいません。乳幼児教育の重要性は，1960 年代初頭から論議され，その効果の研究がはじまりました[6]。

1962 年，心理学者のワイカート（Weikart, D.）を中心に，幼児教育を受ける子どもと受けない子どもに差異が生じるかを調査する「ペリー幼児教育計画」がはじまり，縦断的な研究により幼児教育の経済的・社会的効果が明らかになりました[7]。この計画に用いられ発展したのが「ハイスコープ・カリキュラム（HighScope Curriculum）」です。子どもは毎日，教師の援助を受けて活動を計画し決定します。動植物の飼育栽培，ごっこ遊びや科学遊び等の中で，子どもどうしの関わりが促進されます。降園時に朝の計画を振り返り，翌日への期待感をもてるように奨励されます。こうした認知主義に基づくプログラムは，やがて台頭する公民権運動や貧困撲滅の一環として，貧困家庭や文化的に恵まれない子どもへの幼児教育「ヘッドスタート計画（Head Start Program）」へとつながりました。

1980 年代，不況が増大するアメリカ社会では，幼児教育費が削減され，多くの実践が 3Rs（Reading, Writing, Arithmetic：読み書き算数）を教えこむ教育へ移行する傾向が顕著になりました。こうした状況に危機感

◆5　一般社団法人部落解放・人権研究所「国連・子どもの権利委員会が見た子どもの権利」

（2021 年 9 月 6 日閲覧）

◆6　この背景には，スプートニク・ショック（1957 年の旧ソビエト連邦による，世界初の人工衛星打ち上げ成功によるアメリカ社会への衝撃）があり，科学教育の見直しと早期の教育介入をもたらした。

◆7　下記資料を参照。J．J．ヘックマン（著），大竹文雄（解説），古草秀子（訳）『幼児教育の経済学』東洋経済新報社，2015 年．

を覚えた全米幼児教育協会（National Association for the Education of Young Children：NAEYC）は 0 ～ 8 歳を対象とした『発達にふさわしい実践（Developmentally Appropriate Practice：DAP）[8]』を 1987 年に刊行しました。子どもを全人格者ととらえて，子ども一人ひとりの社会的・認知的・身体的・情緒的発達を理解して支える幼児教育を唱えたのです。子どもの自主性と遊びが重視され，子どもどうしが自由に関わり合える「コーナー」（砂・水・ブロック・音楽・科学・おうちごっこ）が多くの施設に備えられました。その後，文化が子どもの発達に及ぼす影響について論議され，2021 年，第 4 版が刊行されました。DAP では発達を年齢・個人の性質／気質と文化の側面からとらえることが重視されています。

　さらに近年，幼児教育に限らず学校教育で推進されているのが，STEAM 教育です。STEAM は Science（科学），Technology（技術），Engineering（工学），Art（芸術），Mathematics（数学）の領域の頭文字を組み合わせたもので，領域や教科の垣根を乗り越える学際的なアプローチが推進されています。たとえば，アメリカの実践で多く見られた「沈むモノ浮くモノ」を科学遊びに限定せず，モノの大きさ，形や仕組み等，技術・工学・数学に加えてモノの美しさや不思議さを感じ取る美的感性を育むことを含む探究重視の実践へと広がりを見せています。

2．意味のあるやりとり：プロセスの可視化の実践

　ニューヨーク市内の私立 B 学校（2 歳～中学校 2 年生）では，OECD の報告書第Ⅵ巻が刊行される前から，「意味のあるやりとり」とその可視化を大切にしています。筆者が最初に訪れたのは 10 年前になりますが，当時から，学校全体をコミュニティとしてとらえて参加型の実践を展開していました。たとえば，週のはじめの朝の会は，保護者も交えて，近況報告やヨガを行います（図 12 - 1）。子どもの生活や学びの過程は，ドキュメンテーションを通して学校全体の人が知る仕組みです（図 12 - 2）。子どもも大人も主役として，参加する権利の保障が実践されていました。

◆8　DAP については，下記資料を参照。
S. ブレデキャンプ・C. コップル（編），白川蓉子・小田豊（日本語版監修），DAP 研究会（訳）『乳幼児の発達にふさわしい教育実践──誕生から小学校低学年にかけて 21 世紀の乳幼児教育プログラムへの挑戦』東洋館出版社，2000 年.
NAEYC については，ウェブサイト（下記）を参照。

図 12-1　週明けの朝の会　**図 12-2　子どもの活動のドキュメンテーション**

◆9　図 12-1, 12-2 のカラー写真は以下。

◆10　イギリスは正式には「グレートブリテン及び北アイルランド連合王国」。4 つの構成国から成り，それぞれの行政は異なる。本節では，構成国の一つ，イングランドに焦点化している。

◆11　Department for Education, UK. (2021). *Statutory framework for the early years foundation stage: Setting the standards for learning, development and care for children from birth to five.*

◆12　1. コミュニケーションと言葉，2. 身体的発達，3. 人格的・社会的・情緒的発達，4. リテラシー（読み書き），5. 数学，6. 周囲の世界（事象）理解，7. 表現アートとデザイン。

◆13　ブレイディみかこ『他者の靴を履く――アナーキック・エンパシーのすすめ』文藝春秋，2021年，p. 293.

第3節　イギリス（イングランド）

1. EYFS と子どもの学び・育ち

　イギリス（イングランド）[10]の乳幼児教育・保育（0〜5歳）の枠組みとなっているのが，乳幼児期基礎段階（Early Years Foundation Stage：EYFS）という指針です。2008 年に示され，幾度の改訂を経て 2021 年 9 月に最新の改訂版が発刊されました。[11]

　「セクション 1：学びと発達の要件」「セクション 2：アセスメント（評価）」「セクション 3：安全保護と福祉の要件」の 3 つのセクションから成ります。保育内容の基本となるのが，7 つの領域（基幹領域［1〜3］と特定 4 領域［4〜7］）[12]です。領域ごとの早期学習目標（Early Learning Goals：ELGs）として全 17 項目が表示されています。

　着目したいのが，子どもは「一人ひとり独自な存在である」「肯定的な関係性から強く自立心を学ぶ」「整った環境下で大人のサポートがあるとよく学ぶ」「学びと発達は一人ひとり異なる」と，実践における子ども観（理念）がはっきりと打ち出されていることです。

　2008 年版の EYFS には，3 歳 4 か月から 5 歳までに「自分の権利のために立ち上がる自信と能力を示す」という育ちの目標が示され，「子どもが不公平を訴えたら，敬意を表してそれを聴く時間をつくり，最も状況に合う解決法を子どもたちと見出す」ことが保育者の役割であると記されています。子どもの権利の保障のためには，子どもと話し合う（やりとりする）ことがいかに大切であるか指針で表明しているのです。イギリスでは，"Sustained Shared Thinking"（共に考え深め続けること），[13]

すなわち，子どもはまわりの人とじっくりと関わり合い聴き合う関係性を通して，自己肯定感と他者への信頼，そして探究心を育んでいくととらえられているのです。この実践は，日本における「主体的・対話的で深い学び」に通ずるものがあります。

2．意味のあるやりとり：ラーニング・ダイアリー

イングランドのブリストル市のFナーサリーは，教育水準局（Office for Standards in Education, Children's Services and Skills：Ofsted）による監査で優秀校（Outstanding）として評価されています。「意味のあるやりとり」は，子どもの登園前のスタッフミーティングから実践されています（図12-3）。その日の展開，子どもや保護者のこと，スタッフの一日の過ごし方等を，10分程度の時間ですが共有することで，意思疎通が行われ開かれた関係性を構築しています。

また，Fナーサリーでは，子ども一人ひとりの「ラーニング・ダイア

◆14　図12-3〜12-6の
カラー写真は以下。

図12-3　朝のスタッフミーティング◆14

図12-4　活動の可視化とラーニング・ダイアリー

図12-5　活動の可視化

図12-6　子どもと保育者が活動を語り合う

リー（学びの日誌）」という文章，スケッチや写真による記録のファイルを用いて，子どもの生活や学びを家庭と共有しています。園からの一方通行ではなく，家庭での子どもの様子も綴(と)じられており，双方で子どもの育ちを支えています。さらに，子どももラーニング・ダイアリーを通して保育者や友達と生活や遊びについて話し合うことから，自分についての気づきや新しい遊びへのヒントにつながり，共に考え深め続けることへの資源となっています（図12-4，12-5，12-6）。

第4節　ニュージーランド

1．乳幼児教育カリキュラム「テ・ファリキ（Te Whāriki）」[15]

ニュージーランドでは1986年に幼保一元化となり，幼児教育・保育施設は教育省の管轄下となりましたが，子どもと家庭，地域の文化を尊重することから施設の種類は多様です。幼稚園，保育所をはじめ，保護者が運営し実践するプレイセンター，マオリ語とマオリ文化の継承を重視するテ・コハンガ・レオにテ・コフンガフンガ[16]，遠隔通信保育，家庭保育や教会や協同組合によるプレイグループ等があります。

多様な施設を織りなす役目を担うのが，幼児期の学びのカリキュラム「テ・ファリキ（Te Whāriki）[17]」です（図12-7）。その特徴は，英語とマオリ語の二言語から成り，それぞれの文化に応じた内容が記されていることです。子ども観・保育観は，共通しています。子どもは「自信に満ち溢れた有能な学び手であり，社会文化的文脈の中で学びを成長する」ととらえ，子どもは生涯の学び手へとさまざまな環境との関わりからホリスティック（全体的・全人格的）に発達することから，遊びを通した学びの重要性を表明しています。

テ・ファリキの柱となるのが，4つの「原理（Principles）」（①エンパワーメント，②ホリスティック（全人格的）な発達，③家族とコミュニティ，④関係性）と，5つの「要素（Strands）」（①ウェルビーイング，②帰属感，③貢献，④コミュニケーション，⑤探究）です。保育は，編みこみマットのように，原理と要素が絡み合い織りこまれる視点から構成され，子どもの育ちをとらえています（図12-8，12-9を参照）。

◆15　Ministry of Education, NewZealand. (2017). *Te Whāriki*.

日本語版も刊行されている（下記）。
大橋節子ほか（監訳・編著）『ニュージーランド乳幼児教育カリキュラム テ・ファーリキ（完全翻訳・解説）——子どもが輝く保育・教育のひみつを探る』建帛社，2021年.

◆16　マオリ語
ニュージーランドの先住民族マオリの言語。英語・手話とならび同国の公用語。

◆17　テ・ファリキ（Te Whāriki）は，マオリ語で「編みこみマット／敷物」を表す。

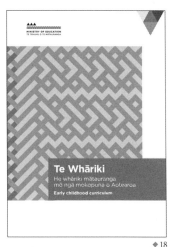

図12-7　テ・ファリキの表紙◆18

図12-8　4つの原理と
5つの要素

◆18　図12-7～12-9の
カラー写真は以下。

図12-9　保育施設の壁面にテ・ファリキが常時掲示

2.「意味のあるやりとり」の可視化

　日々の子どもの学び育つ姿を表し，その意味を子ども自身，子どもどうし，子どもと大人（保育者・保護者）が共有し分かち合うツール（手段）であり，評価（アセスメント）であるのが，「ラーニング・ストーリー（学びの物語）」です。保育者は，子どもの姿を写真，スケッチ，文章を通して物語るように記して，「原理」と「要素」との関係性を考察し，次へ（翌日や今後）の展開（環境構成や素材，子どもへの言葉がけ）を表します（図12-10）。保護者のコメントや，子どもの感想が記されることもあります。「ラーニング・ストーリー」を含め，子どもの園での生活は「ポートフォリオ」に綴られます。多くの園では，「ポートフォリオ」が子どもの手の届くところに設置され，子ども一人で，また仲間や大人と分かち合い，意味のあるやりとりを行っています（図12-11，12-12）。

図12-10　ラーニング・ストーリー[19]

図12-11　ポートフォリオによる語り合い

図12-12　ポートフォリオは子どもの手の届くところに

図12-13　ケイ・ツゥア・オ・テ・パエ

◆19　図12-10～12-14のカラー写真は以下。

　テ・ファリキの理念とラーニング・ストーリーの普及を活性化するために編纂されたのが，評価の事例集でもある『ケイ・ツゥア・オ・テ・パエ（Kei Tua o te Pae）』です（図12-13）。2021年現在，20巻刊行されています。マオリ語で「地平線を超えて」という意味があり，まさしく，ラーニング・ストーリーを通して，子どもが有能な学び手であり，その世界は地平線を超える広がりのあることを可視化する役目を担っています。

3.「意味のあるやりとり」の実践

　マオリ文化と言語の充実・継承・発展を大切にしているオークランド市にあるMコフンガフンガでは，マオリの壁画，民芸品，楽器，かごやスプーン，サンダル等の生活必需品が保育室内や園庭の至るところにあり，環境を通して，マオリの子どものアイデンティティを育む工夫がされています（図12-14）。子どもの「なぜ？」「なに？」の問いから，

図 12 - 14　マオリの生活必需品

マオリの歴史や文化について，子どもと保育者，保護者，そして地域の方たちとの学び合いが日々の生活の中で展開しています。こうしたやりとりを通して，自分の価値とニュージーランドの歴史文化，その多様性への尊敬を育んでいるのです。

第5節　イタリアのレッジョ・エミリア市

1．子どもの権利と子どもたちの 100 の言葉

> ここに，共に遊ぶこと，働くこと，話すこと，考えること，そして発明することの喜びを探究し，ものと人の存在性と関係性の学びに従事し，友情の中で楽しむ子どもと大人がいるのです。[20]
>
> （ローリス・マラグッツィ）

レッジョ・エミリアの乳幼児教育思想と実践の要であったマラグッツィ（Malaguzzi, L.）[21]によるこの言葉に，子どもの権利を保障する保育のあり方が集約されているのではないでしょうか？　子どもと大人を上下関係でとらえず，尊敬し合い，聴き合い，「共に」生活を創造する。どの子どもも豊かで可能性，有能性に富んでいる，ととらえています。子どもが見たり聴いたり感じたり驚いたり発見したり考えたりすることに聴き入ることからはじまり広がる保育は，「意味のあるやりとり」そのものです。

レッジョ・エミリアは，イタリアの北部，エミリア・ロマーニャ州にある人口約 17 万人の都市です。自治体立の乳幼児教育・保育施設は，

◆20　レッジョ・チルドレン，森眞理・藤田寿伸（訳）『レッジョ・エミリア市自治体立乳児保育所と幼児学校の事業憲章──大切にしていること』JIREA, 2021 年, p. 16.

◆21　ローリス・マラグッツィ（1920-1994）レッジョ・エミリア市の乳幼児教育の思想・実践の立役者。子どもを市民ととらえ，子どもと大人が共に参加してつくる乳幼児教育施設の礎を築いた。

乳児保育所（0～3歳）と幼児学校（3～6歳）を合わせて33あります（2021年9月現在）。幼児学校は1クラス26名の子どもと2人の担任から成り，特別な権利を有する子どもの入園は優先され，専門の教師が常勤します。[22]

　特徴として挙げられるのが，各施設にアトリエ（実験空間であり創造的空間であり探究空間）があること，幼児学校にアトリエリスタ（芸術士と訳されることが多い）が常駐していること，数施設の乳児保育所と幼児学校を担当するペダゴジスタ（教育主事と訳されることが多い）が，子ども・教職員・保護者と実践について話し合い，時にはアドバイス等提案を行うことです。保育実践は，定型化されたカリキュラムは存在せず，子どもと共に創造することが基本です。家庭と共に大切にしたいことは，保護者の代表と共に編纂した『事業憲章』と『指針』に記されており，入園前から学び合います。

　1991年，アメリカの週刊誌『Newsweek（ニューズウィーク）』の世界で最も優れた学校特集号の幼児教育部門で同市のディアーナ幼児学校が選出されたことから世界中にその名前が知れ渡るようになりました。同誌には，壁，窓，天井，テーブルと至るところに子どものアートがあり，[23]しかも粘土，針金，紙等，さまざまな素材を子どもが選び，楽しそうに活動に取り組んでいる様子が記載されています。こうしたことからすばらしい「アート作品」の作成がレッジョ・エミリアの保育内容として一人歩きしてしまった感があります。しかし，レッジョ・エミリアにおけるアートは，子どもが有している「100の言葉」（内的体験をさまざまなかたちで表現する言葉）を尊重して，[24]想像あふれる美しい世界を子どもと大人が共に創造する生活そのものです。その創造の過程に子どもと大人が参加し対話し連帯する営みがレッジョ・エミリアの保育の真髄です。

2. プロジェッタツィオーネとドキュメンテーション

　保育の中心活動が，「プロジェッタツィオーネ（Progettazione）」です。[25]語源は「前に映し出す・投影する」で，子どもの願い，思いや問いに聴き入り，子どもと教師（時には保護者や地域住民）が参加し対話しつつ展開します。ゆえに，展開の期間やその内容は不確実です。「どこに行くのか？」「何が見出されるのか？」を楽しみ，未知なる世界を探究するところにおもしろさがあるのです。

　たとえば，「レッジョぜんぶ」は，キアラちゃん（3歳女児）の「ま[26]

◆22　レッジョ・エミリアでは，「障害児」「特別な配慮を要する子ども」よりもこのように称している。

◆23　Newsweek. (1991). The 10 best schools in the world: And what we can learn from them. *Newsweek*, December 2.

◆24　「100の言葉」については，下記資料を参照。JIREAウェブサイト

◆25　「プロジェクト（project）」と表されることもあるが，レッジョ・エミリアにおけるイタリア語に忠実にすることから，プロジェッタツィオーネと表記している。

◆26　展覧会・図録発刊へと発展したプロジェクト。日本では2018年に同名の展覧会が東京で開催された。図録は，レッジョ・チルドレン『レッジョぜんぶ』まちの研究所，2018年.

図12-15 『レッジョぜんぶ』（表紙の絵はキアラちゃん作）[27]

図12-16 聖プロスペロ広場のライオン像

◆27 図12-15, 12-16のカラー写真は以下。

◆28 レッジョ・チルドレン『レッジョぜんぶ』まちの研究所, 2018年.

ちは全体で生きるもの，住む人たちのいろいろな見方が合わさって生きているもの」という気づきと描画から，まちについての探究が展開。子どもたちによるまちのガイドブック作成や展覧会へと発展しました。子どもたちは，まちへの想いを語ります。

- 人は常に「まち」をつくってきた。なぜならまちがなかったら，誰もがずっと立ったまま，あっちこっち歩き回らなくちゃならないから。
- まちの中は湿った匂いがする。
- 聖プロスペロ広場ではライオンに会える…石のライオン，それは本当に特別…子どもが楽しめるようにライオンを置いたんだよ。[28]

　子どもたちの活動のプロセスは「ドキュメンテーション」により可視化されます。上記の「レッジョぜんぶ」もドキュメンテーションの一つです。しかし，リナルディは，「子どもたちの経験の成果を収集することではなく，経験の道のりを意味するのです」と語りました。ドキュメンテーションは，「できる・できない」「よい・悪い」という物差しで子どもを評価することとは異なり，子どもと大人が共に主体者として日々の実践に取り組んでいる姿を共有して分かち合う関係性を具現化しているのです。子どもの感じていること，考えていること，発見していることをより深く知り，理解するために，生きた「意味のあるやりとり」を可視化する手法です。

　子どもたちが第一の「まち」の市民であるということ。これは50

年間変わらない，レッジョ・エミリアが最も大事にしていることです。つまり，子どもたちは社会を変えていくうえで最も重要な原動力であり，一人ひとりの人間として重要な価値を持った存在だということです。[29]

（クラウディア・ジュウディチ）

　子どもに聴き入ることから子どもと対話し，子どもの権利の保障を，保育の場からまちへと想いを馳せて日々，実践していきたいものです。

さらに学びたい人のために

ブレイディみかこ『他者の靴を履く──アナーキック・エンパシーのすすめ』文藝春秋，2021年．
　イギリスで保育士を勤めた筆者が，多様な社会を生き抜くための共感力＝エンパシーについて，多数の研究とイギリスの経済格差と教育格差問題の事例から読み解き，アナキズムという思想と実践の関係性を考える世界へと誘う一冊です。

国立教育政策研究所（編）『幼児教育・保育の国際比較──質の高い幼児教育・保育に向けて』明石書店，2020年．
　OECDによる質の高い保育に向けた研究調査の報告書。保育の内容，カリキュラム，保育者の待遇等について諸外国の実情を知ることで，日本の位置づけ，これからの教育政策と社会，そして実践について考えさせてくれます。

カルラ・リナルディ，里見実（訳）『レッジョ・エミリアと対話しながら──知の紡ぎ手たちの町と学校』ミネルヴァ書房，2019年．
　長年ペダゴジスタとしてローリス・マラグッツィと共に働いた，現・レッジョ・チルドレン財団の代表者によるレッジョの思想と実践を紐解くための必読書。子どもの権利に基づく実践，子どもに聴き入る教育のあり方，対話と連帯の意味について，重厚な語り口で読者をレッジョへと招いてくれます。

演習課題

M 本章で取り上げた各国で行われている保育の工夫について，自身が理解したことをまとめよう。

V 本章で取り上げた以外の国の保育内容について，さらに調べて学びを深めよう。

P 日本と本章で取り上げた国の保育の共通性と相違性や，保育において大切にしたいことについて話し合おう。

終　章
················

子どもの権利を保障する保育者・保育内容

　本書の総まとめである終章では，子どもと共に保育を創造する保育者のあり方（第1節）および保育現場における課題（第2節・第3節）を学ぶことから，子どもの最善の利益を保障する保育者像を描いていきましょう。

第1節　子どもの権利を保障する保育者の働き

　「日本の保育の特徴は？」と保育に従事している人に尋ねると，「『遊び』を大切にしている」ことと「環境を通して行う」ことについて語ることでしょう。加えて保育において社会自然環境や物的環境と共に最重視されるのが人的環境，中でも保育者です。保育者の振る舞い，表情，言葉選びや口調等，保育者のあり方（生きざま）が，子どもの生活と遊びに影響を及ぼし，ひいては大人としての模範（モデル）といわれることもあります。本節では，子どもの環境としての保育者のあり方について学び考えます。

1．「さながらの生活」の保障：倉橋惣三との対話から

◆1　一般社団法人倉橋
惣三協会

（2021年9月10
日閲覧）

　倉橋惣三（1882-1955）は，「日本のフレーベル」ともいわれる存在で[1]，日本最初の幼稚園である東京女子高等師範学校（現・お茶の水女子大学）附属幼稚園の主事を約40年間務め，保育の真髄に響く多くの書籍を執筆しました。実践を「生活を生活で生活へ」と語り，これは「幼児の自然な生活，さながらの生活を大切して，家庭との境目のない自然な形で幼稚園生活をスタートさせ（生活を），保育者が配慮し用意した設備のもとで，自由感を持って十分に生活を生活として味わうことで充実感を

165

◆2 上垣内伸子「『さながらの生活』から始めることが幼児教育の原点」『幼児の教育』109(4), 2010年, p.9.

得（生活で），さらに生活興味が利那的ではなく，系統的なものとなっていくことにより生活自体の発展と深まりが得られ，子ども自身が自分の成長を実感していくような生活へと導かれていく（生活へ）[2]」と説明されています。子どもの「さながらの生活」を保障する保育者のあり方を，倉橋は以下のように記しました。

　　子どもらが帰った後
　　子どもが帰った後，その日の保育が済んで，まずほっとするのはひと時。大切なのはそれからである。
　　子どもといっしょにいる間は，自分のしていることを反省したり，考えたりする暇はない。子どもの中に入り込みきって，心に一寸の隙間も残らない。ただ一心不乱。
　　子どもが帰った後で，朝からのいろいろのことが思いかえされる。われながら，はっと顔の赤くなることもある。しまったと急に冷汗の流れ出ることもある。ああ済まないことをしたと，その子の顔が見えてくることもある。──一体保育は……。一体私は……。とまで追い込まれることも屢々である。
　　大切なのは此の時である。此の反省を重ねている人だけが，真の保育者になれる。翌日は一歩進んだ保育者として，再び子どもの方へ入り込んでいけるから[3]。

◆3 倉橋惣三『育ての心（上）』フレーベル館, 2008年, p.49.

　保育者の働きは，子どもと共にいるときで終始することなく，その日の保育を振り返ることが肝心です。それと同時に，振り返ることが明日の保育につながることが，倉橋の言葉からわかり，勇気と希望が与えられることでしょう。

2．保育者の省察：津守真との対話から

　津守真（眞）（1926-2018）は，発達心理学者として子ども（とくに障碍児[4]）と関わることから，大人の観点から保育を構成するのではなく，子どもの表現（発せられる興味と要求）に応えることからの保育を提唱しました。保育者の関わりのあり方を，①出会う，②交わる──表現と理解，③「現在」を形成する，④省察する，と表しました[5]。倉橋同様，省察の大切さを記しています。

◆4 津守は一貫して「碍」の字を用いていたため，ここでもそれにならう。

◆5 津守真『保育者の地平──私的体験から普遍に向けて』ミネルヴァ書房, 1997年.

深いところで交わる

そうは言っても，子どもの中にあると，忙しくバタバタと過ごしてしまう。

いつも同じ子どもとかかわれるわけではない。いつの間にか子どもは入れ替わる。

大人が自分のまわりに来るどの子とも深いところでかかわろうと思っていると，子どもからみれば，いろいろな大人と深くかかわれる。また子ども同士で深くかかわれる[6]。

◆6　前掲書（◆5），p. 213.

保育者の省察は子どもへの姿勢を再考する機会となることはもとより，子どもが自ら行動を起こす能動性を有し，相互に関わろうとする存在として，子どもの存在感と自我を保障することになりましょう。

3．保育の自由：近藤幹生との対話から

保育者として保育キャリアをスタートし，大学学長を務めた近藤幹生（1953-）は，保育者たちが，目の前の子どもたちと共に創り出していく保育の営みを「保育の自由」と定義づけ，子どもの願いを受け止め，保育者も反省を重ね議論することが保育の質の向上に欠かせないことを論じています[7]。子どもの願い・気づきに聴き入ることの大切さを子どもとのやりとりから述べています。

◆7　近藤幹生『保育の自由』岩波書店，2018 年.

ある時，昼寝中の保育をしていたとき，一人の女の子が，「せんせい，はな！」というのです。私は「はなは，じぶんでかめるでしょ」と言ったまま後ろをむいて連絡帳を書いていたんです。でも，その子は，ロッカーの上の花瓶と花が下に落ちて，床がびしょびしょになってしまったことを言いたかったのに「鼻ぐらい自分でかみなさい」と言ってしまった。うしろをむいたら子どもは泣いていて，床はびしょびしょでした。花が落ちているのを教えたのに，と。それを訴えていたのです。私が子どものことばを大事にせねばと最初に考えた事件でした。子ども一人ひとりのことばや願いをどうとらえるかは，子どもの権利をとらえていくことに，それは児童憲章の理念につながっていたのかと思いますね[8]。

◆8　白梅学園大学・短期大学・大学院「［学長室だより］対談　『児童憲章』七〇周年の年を迎えて（子どものしあわせ 2021 年 1 月号）」

（2024 年 7 月 1 日閲覧）

子どもの表現には必ず意味があること，子どもの何気ない発信を尊重

することは，子どもの人間としての尊厳を保障すること，すなわち子どもの権利の保障であると心に留めて日々の保育に携わりたいものです。

第2節　小学校との関係：連携・接続

　子どもの育ちは，保育・幼児教育施設を卒業して終了するわけではありません。幼児期から小学校就学への接続の重要性がとくに焦点化されるようになったのは，1990年代後半に学級崩壊の低年齢化が語られるようになったことが背景にあります[9]。その後，小学校1年の教室で，先生の話を聞かない，授業中に教室を立ち歩いたり廊下に飛び出したりする，集団行動がとれないという状態を総称して「小1プロブレム」と呼ぶようになりました。一時，「今の子どもたちはしつけられていない」と，遊びを中心とする保育が否定的に語られました。佐々木宏子らは，幼稚園と小学校双方の互いの実践に対する意識の低さと，幼稚園と小学校の途切れた関係による「狭間に落ち込んだ子どもたちの混乱と困惑」が小1プロブレムである，ととらえました[11]。

　近年，幼児教育と小学校教育の連携と接続の検討，開発，実践が盛んになっています。幼児期の教育について，小学校教職員のみならず，家庭や地域においても理解を深められるように，幼児期の特性である遊びを通して学び，育つ姿の可視化（「幼児期の終わりまでに育ってほしい姿」）を明確にし，就学前の幼児が円滑に小学校の生活や学習へ適応できるようにすることが求められています。また，幼児期の学びが小学校の生活や学習で生かされてつながるように工夫された5歳児のカリキュラム「アプローチカリキュラム（接続期カリキュラム）」の作成と実践が推進されています。

　それと同時に，小学校教育においても，幼児期の育ちや学びをふまえて，小学校の授業を中心として学習へうまくつなげるため，小学校入学後に実施される合科的・関連的カリキュラムである「スタートカリキュラム」の開発と実践が推進されています[12]。

　大切なのは，保育者，小学校教職員が学び合える風土を創ることと同時に，カリキュラムのための実践ではなく，誰のため，何のための教育なのかと，実践において子どもが主体的に学び育つための最善の利益の保障を問い続けることでしょう。

◆9　尾木直樹『「学級崩壊」をどうみるか』日本放送出版協会，1999年.

◆10　汐見稔幸『本当は怖い小学一年生』ポプラ社，2013年.

◆11　佐々木宏子・鳴門教育大学学校教育学部附属幼稚園『なめらかな幼小の連携教育——その実践とモデルカリキュラム』チャイルド本社，2004年，pp. 14-16.

◆12　幼児教育の質的向上および小学校教育との円滑な接続について専門的な調査審議を行うため，2021年に文部科学省中央教育審議会に「幼児教育と小学校教育の架け橋特別委員会」が設けられた。幼児期から児童期の発達を見通しつつ（5歳児～小学校1年生：架け橋期），5歳児のカリキュラムとスタートカリキュラムを一体的にとらえ，地域の幼児教育と小学校教育（低学年）の関係者が連携してカリキュラム・教育方法の充実・改善にあたることを目指し，幼保小の架け橋プログラムの策定に向けて議論が進められている。なお，この委員会においては，この時期のカリキュラムを「架け橋期のカリキュラム」と呼んでいる。

第3節 子どもの権利を保障する保育内容に向けて

◆13　Volatility（変動性），Uncertainty（不確実性），Complexity（複雑性），Ambiguity（曖昧性）の頭文字をつなげた言葉。

　私たちは，今，2010年ごろよりビジネス世界で端を発した「VUCA」◆13の時代に生きている，といわれています。簡潔に表すと「先行きが不透明で，将来の予測が困難な時代」です。保育現場も例外ではないことを，私たちはここ数年実感しています。地球温暖化や環境破壊による自然災害，戦争や紛争，2019年に発生した新型コロナウイルス感染症等，直接的・間接的に子どもの命が危険にさらされているといっても過言ではありません。

　こうした状況において，非常事態を見すえて避難訓練や予防対策といった現実的な備えを行うことは欠かせません。しかしながら，悲観することなく，今を生き，未来の社会・世界を担う子どもと共に創造する保育に向けて，今一度保育内容の根源である人間観，そして子ども観を確認したいものです。

　日本国憲法第13条では「すべて国民は，個人として尊重される」と謳われています。個人の尊厳，それは子どもも大人（保育者）も同様です。自身の存在価値が保障されていることは，他者の存在も価値あるとして保障することです。子どもの権利の保障は，すなわち人間の権利の保障なのです。誰もがかけがえのない存在として，学び合い分かち合う保育を実践していきたいものです。そこには，どういう子ども観が欠かせないのでしょうか。イタリアのレッジョ・エミリア（第1章，第12章を参照）の教育哲学・実践の要であったローリス・マラグッツィは次のように語りました。

　　私たち（レッジョ・エミリアでは）は，すべての子どもが豊かな存在で，豊かでない子どもは一人もいないと語っています。すべての子どもたちは，私たち（大人）が考えるよりはるかに，文化や暮らし向きにかかわらず，みな豊かな存在で，よりよい資質が備わっており，賜物があり，より力強く，より知性に富んでいるのです。◆14

◆14　Cagliari, P. et al. (Eds.). (2016). *Loris Malaguzzi and the schools of Reggio Emilia: A selection of his writings and speeches, 1945-1993*. London: Routledge, p. 397.（筆者和訳）

　子どもの姿に驚きの心をもって，今を大切に関わり（対話し），未来を創造する保育に携わる喜びと幸せと楽しさを味わい，生涯の学び手として歩んでいきましょう。

■**執筆者紹介**（執筆順，担当章）

森　眞理（もり・まり）序章，第1章，第12章，終章
　　編著者紹介参照

大谷彰子（おおたに・あきこ）第2章
　　現　在　芦屋大学臨床教育学部児童教育学科准教授
　　主　著　『教職をめざす人のための教育用語・法規［改訂新版］』（共著）ミネルヴァ書房，
　　　　　　2021年.
　　　　　　『新しい保育・幼児教育方法』（共著）ミネルヴァ書房，2013年.

岸　正寿（きし・まさとし）第3章
　　現　在　生田ひまわり幼稚園教頭，玉川大学教育学部乳幼児発達学科・創価大学教育学部
　　　　　　児童教育学科・洗足こども短期大学幼児教育保育科非常勤講師
　　主　著　『幼児理解と一人ひとりに応じた指導』（共著）聖徳大学出版会，2015年.

出原　大（いずはら・だい）第4章
　　現　在　むぎの穂保育園園長
　　主　著　『自然・植物あそび一年中──毎日の保育で豊かな自然体験！』（単著）Gakken，
　　　　　　2010年.
　　　　　　『生きる力につながる自然・植物あそび101』（単著）Gakken，2009年.

瀬川千津子（せがわ・ちずこ）第5章
　　現　在　文京区立お茶の水女子大学こども園主任保育士
　　主　著　『保育内容総論（新しい保育講座4）』（共著）ミネルヴァ書房，2020年.
　　　　　　『子どもからはじまる保育の世界』（共著）北樹出版，2018年.

内藤知美（ないとう・ともみ）第5章
　　現　在　田園調布学園大学子ども未来学部子ども未来学科教授
　　主　著　『「子ども人間学」という思想と実践』（共著）北樹出版，2020年.
　　　　　　『保育のいとなみ──子ども理解と内容・方法（保育学講座3）』（共著）東京大学
　　　　　　出版会，2016年.

加納　章（かのう・あきら）第6章
　　現　在　松山東雲短期大学保育科准教授

矢萩恭子（やはぎ・やすこ）第7章，第11章
　　現　在　和洋女子大学人文学部こども発達学科教授
　　主　著　『保護者支援・子育て支援　第2版（保育士等キャリアアップ研修テキスト6)』（編著）中央法規出版，2020年.
　　　　　　『保育者論——共生へのまなざし　第四版（保育・教育ネオシリーズ9)』（共著）同文書院，2020年.

猪田裕子（いのだ・ゆうこ）第8章，第9章
　　編著者紹介参照

大江まゆ子（おおえ・まゆこ）第10章
　　現　在　関西福祉科学大学教育学部教育学科子ども発達教育専攻准教授
　　主　著　『保育実習（新・基本保育シリーズ20)』（共著）中央法規出版，2019年.
　　　　　　『新しい保育・幼児教育方法』（共著）ミネルヴァ書房，2013年.

■編著者紹介

森　眞理（もり・まり）
　現　在　神戸親和大学教育学部教育学科教授
　主　著　『子どもの育ちを共有できるアルバム　ポートフォリオ入門』（単著）小学館，
　　　　　2016 年.
　　　　　『レッジョ・エミリアからのおくりもの──子どもが真ん中にある乳幼児教育』（単
　　　　　著）フレーベル館，2013 年.

猪田裕子（いのだ・ゆうこ）
　現　在　神戸親和大学教育学部教育学科教授
　主　著　『保育内容総論』（共著）青踏社，2021 年.
　　　　　『保育カリキュラムの基礎理論──教育課程・全体的な計画の学び（シリーズ：新
　　　　　しい時代の保育者養成）』（共著）あいり出版，2018 年.

子どもの権利との対話から学ぶ
保育内容総論

		定価はカバーに表示
2022 年 4 月 20 日	初版第 1 刷発行	してあります。
2024 年 8 月 20 日	初版第 2 刷発行	

編著者　　　森　眞理
　　　　　　猪田裕子

発行所　　　（株）北大路書房

〒 603-8303　京都市北区紫野十二坊町 12-8
電　話　（075）431-0361（代）
ＦＡＸ　（075）431-9393
振　替　01050-4-2083

装　丁　こゆるぎデザイン
印刷・製本　亜細亜印刷（株）

検印省略　落丁・乱丁本はお取り替えいたします。
ⓒ2022　ISBN978-4-7628-3190-4　Printed in Japan